本科规划教材

U1006825

理解智慧城市

LIJIE ZHIHUI CHENGSHI

尹婧文　主编

电子科技大学出版社
University of Electronic Science and Technology of China Press
·成都·

图书在版编目（CIP）数据

理解智慧城市 / 尹婧文主编. —成都：电子科技大学出版社，2023.4（2025. 7 重印）
ISBN 978-7-5770-0028-2

Ⅰ. ①理… Ⅱ. ①尹… Ⅲ. ①现代化城市–城市建设–高等学校–教材 Ⅳ. ①C912.81

中国国家版本馆 CIP 数据核字（2023）第 003488 号

理解智慧城市

尹婧文　主编

策划编辑　万晓桐
责任编辑　杨雅薇
责任印制　段晓静

出版发行　电子科技大学出版社
　　　　　成都市一环路东一段159号电子信息产业大厦九楼　邮编 610051
主　　页　www.uestcp.com.cn
服务电话　028-83203399
邮购电话　028-83201495

印　　刷　四川煤田地质制图印务有限责任公司
成品尺寸　170 mm×240 mm
印　　张　8.25
字　　数　148 千字
版　　次　2023 年 4 月第 1 版
印　　次　2025 年 7 月第 2 次印刷
书　　号　ISBN 978-7-5770-0028-2
定　　价　38.00 元

序

我对技术和城市关系的研究始于十多年前的硕士研究生时期。那时，我在英国布里斯托著名的普世媒体工作室（Pervasive Media Studio）里发现了一张可将多媒体内容投影到桌面以供人互动的圆形吧台桌。这张桌子虽然只是计算机教授金德伯格（Kindberg）众多精彩的小发明之一，但却深深地吸引了我，并成了我硕士毕业论文的研究对象。对于我来说，这张桌子是马克·维瑟（Mark Weiser）普适计算在现实生活中的投射。它让我不得不思考：当计算机嵌入日常生活的方方面面后会给我们带来怎样激动人心的未来呢？又会产生怎样的问题呢？后来我的研究从一张桌子延伸到一座城市。在读博期间，我对英国布里斯托的智慧城市项目——布里斯托开放（Bristol is Open）做了长达四年的民族志研究，亲历了一座智慧城市建设的全过程，被当地人亲切地称为“布里斯托智慧城市博士”。

智慧城市是一场全球范围内不断发展的未来城市运动，也是一个不断修正内涵的概念。《理解智慧城市》一书是对智慧城市产生至今十余年的回顾，是建立在对智慧城市这一现象的理论、实践和学术前沿的整体把握的基础上，是为开设智慧城市课程的本科专业的学生、智慧城市管理者及对智慧城市现象感兴趣的普通读者所写的书，旨在帮助读者从多角度认识和理解智慧城市。

关于理论，由于智慧城市涵盖的内容十分庞杂，并没有统一的理论。学者们通常基于自己的学术领域和学术传承来思考智慧城市（涉及社会学、地理学、规划学、计算机、通信网络和多媒体互动艺术等学科的知识）。因此，本书并没有设立独立的理论章节，而是将相关理论和概念以简洁易懂的形式融入章节的具体内容当中，对于需要特别拓展的内容则用知识框的形式予以呈现和展开。关于技术，本书涉及智慧城市建设中常用的技术，但是由于本书并非一本技术类的书籍，因此更多的是围绕技术进行一些社会性和延展性的思考。关于实践，本书从智慧城市发展历程中挑选了笔者认为最具代表性的案例，并将其分布在具体的章节和知识点上。

本书的内容分为四个部分，共12章。

第一部分总论篇包括第1章至第5章的内容。这一部分是智慧城市的概论部分，涵盖了智慧城市定义、概念和历史等内容。第1章和第2章都是围绕智慧城市的定义和概念展开的：第1章介绍了智慧城市这一代表当代全球未来城市发展方向的现象，以及智慧城市定义的模糊性；第2章回顾了过去几十年出现的与技术有关的城市概念（数字城市、信息城市、无处不在的城市、智能城市），厘清它们之间及它们与智慧城市之间的异同。第3章、第4章和第5章都是对智慧城市历史的探讨，但是它们的出发点和角度不一样：第3章从智慧城市的起始点——IBM谈起，介绍IBM提出"智慧城市"这一概念的历史背景和相关内容，并就其"系统之系统"思维与控制论之间的关系展开讨论；第4章以"为什么要建智慧城市"和"智慧城市的益处是什么"这两个问题为线索，揭示了智慧城市现象开始在全球迅速扩散的原因；第5章回顾智慧城市过去十余年的发展历史，采取三分法的方式介绍智慧城市在各阶段的发展模式及每种模式存在的潜在问题。

第二部分技术篇包括第6章至第8章的内容。这一部分涉及智慧城市建设中重要的技术元素，包括物联网、大数据、云计算和5G等。由于本书不是一本技术手册或技术类的专业书籍，所以本书对技术的讲解不会过于细致。这部分内容用适合于非技术人员阅读的浅显的语言对这些关键技术做出简要介绍，并将重点放在基于技术的延展性的、社会学的思考。具体来说：第6章总体介绍智慧城市使用技术的三种逻辑和智慧城市的技术架构，并就云计算与环保问题展开讨论；第7章对物联网的历史、定义和应用进行介绍，并深入解析物联网使用的经典案例——物列阵（AoT）；第8章围绕着大数据、实时数据和开放数据展开，涉及大数据在智慧城市中的应用之一——预测性警务的相关问题、利用实时数据进行治理的本体论和认识论问题及大数据带来的监控问题。

第三部分主体篇包括第9章至第11章，分别介绍了当下智慧城市建设的三类主体（企业、政府和市民），并结合相关案例进行讲解。第9章通过联系历史与现在的方式，从私人治理和公司城镇的角度来思考当下企业主导的智慧城市建设。再以企业主导的智慧城市项目——人行道多伦多（Sidewalk Toronto）为例，探讨智慧城市建设中的隐私、数据所有权和监控资本主义的相关问题。第10章介绍了亚洲智慧城市建设中两个政府主导的案例，即新加坡和印度的智慧城市建设。在新加坡的案例中，我们可以看到该国将信息与通信技术（information and communication technology，简称“ICT”）运用于城市的漫长历程。从新加坡2018年的安全漏洞事故出发，本章探讨了智慧城市的漏洞和脆弱性问题。在印度的案例中，我们看到宏大智慧城市项目背后的驱逐贫民和土地剥夺问题。第11章对市民参与兴起的缘由、几种高参与度的参与方式、巴塞罗那以市民为中心的智慧城市实践进行了讲解。

第四部分未来篇包括第12章，该章总结性地回顾了目前对智慧城市各方面的认识。在此基础上，通过制定智慧城市宣言（原则）的方式，促进读者思考什么是好的智慧城市。本章末，通过两个思维训练帮助读者探索不一样的智慧城市和城市未来。

通过阅读本书，我希望提升读者对智慧城市在广度上和深度上的认识，形成批判地看待智慧城市的视角及塑造美好城市未来的前瞻性思维能力。像我从一张桌子到一个城市的学习历程一样，希望读者以智慧城市为出发点，更好地理解技术与社会的关系，把握我们的能动性，选择我们希望的未来。

尹婧文

2022年9月于成都

目录

第一部分　总论篇

第二部分 技术篇

第三部分　主体篇

第四部分　未来篇

第一部分　总　论　篇

“19 世纪是帝国的世纪，20 世纪是民族国家的世纪，21 世纪将成为城市的世纪。”

——[美]惠林顿·E. 韦伯（Wellington E.Webb）

“司机可以提前预知交通堵塞情况，警察可以预知紧急情况的发生，建筑物能自动降低能源消耗。”

—— IBM 智慧城市广告

第1章 什么是智慧城市

当谈到智慧城市，出现在你脑海里的是什么样的画面呢？是海湾未来主义那样高耸入云的建筑，还是电影《银翼杀手》中潮湿、吵闹和拥挤的反乌托邦城市景象，抑或是超回路列车（Hyperloop）这样的未来交通？在智慧城市的宣传资料里，我们常常能看到这样一幅智慧城市的图景：

清晨，你在融入了可持续发展理念的房屋里醒来，一边吃着早餐，一边在大屏幕上查看你的实时能源消耗情况。邻居（86岁老人）的家里配置了额外的智能模块，老人的亲属能知道老人是否打开冰箱、是否出门散步、是否按时吃药、是否有访客。当紧急情况发生时，老人可以通过脖子上挂着的远程求助按钮呼救，如果老人不小心摔倒，家里的热敏或者振动敏感地砖能自动发出求救信号。

你准备出门，房屋的灯自动关闭。门外，无人驾驶车早已在等候。当你回到家时，空调会自动调节到适合的温度，窗帘也会自动打开。街道上，太阳能垃圾桶在装满垃圾后会自动发出信号，城市环卫人员会按照每日垃圾桶发出的信息绘制最优的垃圾收集路线。装有传感器的路灯可使未使用的路灯变暗，能收集城市空气数据，还能帮助司机找停车位。夜晚独归的女孩可以通过手机调节经过路段的灯光，如有突发情况发生还可及时提醒附近的警局……

这样的图景是否就是智慧城市呢？本章，笔者将通过探索不同的智慧城市定义，帮助读者思考什么是智慧城市。

1.1 作为一种全球现象的智慧城市

人类从远古时期就开始思考、规划和建设心目中的未来城市。在过去的一百年中，至少有四次有关未来城市的话语浪潮。第一次浪潮出现在两次世界大战期间，现代主义设计师和建筑师开始用绿色城市应对城市工业化带来的负面影响。典型的代表是勒·柯布西耶（Le Corbusier）的《明日之城市》（*The*

City of Tomorrow）。第二次浪潮出现在第二次世界大战后，关于未来城市的话语集中在如何将城市从战火中解救出来。第三次浪潮发生在20世纪80年代，这一时期受经济全球化的影响，未来城市的话语集中在“城市如何成为支持新一轮全球贸易的场地”这一议题上。21世纪，随着城市人口的增长和城市化进程的加快，世界兴起了第四次的未来城市的话语浪潮。在当今的未来城市话语中，“智慧城市”一词的使用频率从2012年开始便已超过了“可持续发展城市”（sustainable city），成为人们对未来城市最主要的想象。[1]

如今，智慧城市已经成了一种全球现象。在欧洲和北美，涌现出大量的智慧城市项目。2014年，欧洲议会对人口在10万以上的468个城市的一项调查表明，有240个城市存在与智慧城市相关的建设活动，其中英国、西班牙和意大利的智慧城市数量最多。[2]截至2018年，美国三分之二的城市投资了智慧技术项目。在亚洲，中国、日本、韩国、新加坡和印度等国也有大量智慧城市项目。其中，中国和印度拥有亚洲最多数量的智慧城市。2014年，印度启动了建设100座智慧城市的计划。而在我国，根据2020年国家发展和改革委员会的统计，所有副省级以上城市、89%的地级以上城市（241个城市）和47%的县级以上城市（51个城市）提出“建设智慧城市”。[3]当前，智慧城市在技术方面的支出还在增加，弗若斯特沙利文（Frost & Sullivan）公司预计，到2025年，这类支出将增至3270亿美元；到2030年，全球70%的智慧城市支出将主要来自美国、西欧和中国。[4]

1.2　智慧城市定义

什么是智慧城市（smart cities）？smart cities中的smart有整洁、迅速、聪明和计算机控制等意思；在市场营销的话术中，“智慧”相对于“智能”更多的是从使用者的角度考虑，强调提供更个性化的服务[5]；在规划和公共政策领域与“智慧增长”概念有关，“智慧”一词常被用于代表新的策略方向[6]，与“智慧”相连的城市往往以可持续发展、经济增长和提升市民的生活质量为目标；而“智慧”在技术领域的使用中常常指遵循自动化计算原理以进行自我修复、自我保护和自我优化[7]。

智慧城市在全世界范围内被讨论和实践了十多年，但是鲜少有人明确知道什么是智慧城市。英国是全球智慧城市的先行者，但据2020年里程碑系统（Milestone System）公司的一项调查表明，有一半以上的英国人从未听说过智慧城市[8]。虽然对智慧城市已经有各种定义，但目前国际上并没有形成公认的智慧城市定义，学者们只能用“模糊不清”（nebulous）、“含混不清”（ambiguous）、“不清楚的”（nebulous）、“混乱的”（chaotic）和“空泛的能指”（empty signifer）等词来形容它。本章将展示具有代表性的智慧城市定义供读者参考和思考。

新技术总是包含在各类智慧城市定义中，常见的以技术为主的智慧城市定义多来源于技术公司。比如，最早参与智慧城市建设的IBM公司给出的智慧城市定义是：“最优地使用当今所有相互关联的信息，以便更好地理解和控制其运作，并优化有限资源的使用。”[9]思科（Cisco）给出的智慧城市的定义是：“采用可拓展的解决方案，利用ICT提高效率，减少成本和提高生活质量的城市就是智慧城市。”[10]这两个技术公司给出的智慧城市定义都具有浓厚的技术原教旨主义（techno-fundamentalist）的色彩。批评者认为这些智慧城市定义过度重视技术的作用及工具理性，忽视了在城市里生活的居民、社区及本地组织等在城市发展中所起的作用。

除了技术特征以外，早期的智慧城市定义中还有一些强调“竞争和创造性”[11]“创意经济”[12]“城市营销”[13]和“商业主导”。例如，加拿大埃德蒙顿市在定义智慧城市时强调，智慧城市能带来有活力的经济，促进商业在该地落户和扩张。[14]这类智慧城市定义反映了西方城市治理模式从管理福祉主义（managerial welfare）向城市企业主义（entrepreneurial urbanism）模式的转变（更多内容参见第10章知识框）。建设智慧城市被当作一种城市宣传和城市形象塑造，用以增强城市的竞争力，从而吸引商业和创意阶层。但是，这类智慧城市定义面临的挑战是其缺乏对人及本地社区和机构的关注。

面对上述两类智慧城市定义的不足，近年来，对智慧城市的定义有着朝着以人为中心和多样化的趋势发展。例如，英国标准学会（British Standers Institution）认为智慧城市是“在建筑环境中有效整合物理、数字和人类系统，为市民提供一个可持续、繁荣和包容的未来”。[15]从这一定义中我们可以看出，英国标准学会认为智慧城市不仅包括物理和数字的系统，还包括人的系统。艾瓦迪（Alawadhi）等学者认为人与社会资本是智慧城市不可缺少的部分。[16]南（Nam）等人详细梳理了智慧城市和其他城市概念之间的关系后，认为智慧城市概念内涵应由三个维度构成。除了技术的维度以外，还应包含社会学习和教育等与“人”相关的维度，以及概括了公众参与、合作和协同的治理维度。[17]

学者卡杜罗（Caragliu）等人还将智慧城市与可持续发展联系在一起，并对智慧城市给出了一个更融合的定义。他们认为，“一个城市能被定义为智慧城市是当它对人力和社会资本及传统（交通）和现代（信息与通信技术）传播基础设施进行了投资，以促进可持续的经济发展和高质量的生活，并通过参与式治理对自然资源进行更明智的管理”[18]。在这一定义中，智慧城市涉及人与技术、可持续发展及参与式治理等内容。目前，这一智慧城市定义被广泛接受和采用，也是智慧城市研究文献中使用较多的定义。一些城市以该定义为基础制定了它们的智慧城市发展战略，比如荷兰的阿姆斯特丹智慧城市项目就采用这个定义。

除了上述从技术、竞争和商业、人、治理和可持续发展等角度定义智慧城市以外，还有一些另辟蹊径的智慧城市定义。例如，罗伯·肯钦（Rob Kitchin）从城市时空体验转变的角度来定义智慧城市。他认为智慧城市是“时空机器”，网络基础建设和智慧城市技术极大程度地破坏了时间性和空间性，从而产生了一套新的时间和空间关系。这些时间和空间关系包括网络时间，钟表时间，社会时间，自然时间，过去、现在和未来交织成的不同的旋律、韵律和节奏。智慧城市提高了时间和空间的弹性，将城市变成可以全天候在线、高度机动的地方。但是，这种改变是为了扩大私人控制和时间的商品化，还是为了改善公共空间，这是需要回答的问题。[19]

还有一些学者用比喻或类比的方式定义智慧城市。就像曾有人将城市比作机器、有机体和赛博格（cyborg）一样，今天的智慧城市也被比作计算机和平台。程序员和技术作家保罗·麦克费里德斯（Paul McFedries）谈道，“城市是一台计算机，街景是界面，你是光标，而你的智能手机则是输入设备。这是一个基于用户的、自下而上地把城市当作计算机的想法，但也存在自上而下的、由系统主导的把城市当做计算机的想法，这个想法关注城市的系统，如交通、垃圾和污水，并探讨这些系统是否可以通过“智慧化变得更加高效和有序”。[20]这个定义里蕴含着对城市优化的期望，以及将高效运转当作城市发展的目标。其实，根据美国社会学家刘易斯·芒福德（Lewis Mumford）的观察，将城市作为信息的处理器在历史上早已有迹可循。[21]但是，芒福德同样提醒我们，城市的作用不仅是信息处理和空间优化。人类学教授香农·马特恩（Shannon Mattern）就反对将城市看作计算机，她认为城市里许多基于地点的信息和非文本的、无法记录的文化记忆并不能被纳入数据库，而表演性的知识（如舞蹈、仪式、料理）也无法被简化为信息。[22]

另外一个对智慧城市的比喻是“平台”。20世纪90年代中期，Windows、macOS和Linux等操作系统被称为平台。21世纪初，Web 2.0的兴起使得网络变成了平台。这一时期最具代表性的例子是脸书（Facebook）这样的社交网络平台，它利用API（应用程序接口）允许第三方为其开发软件。2008年7月，苹果将iPhone的应用商店开放给软件开发者，吸引了众多开发者为苹果iOS系统开发应用。之后“平台”从网络空间逐渐移动到物质空间，出现了改变人们出行方式的优步（Uber）和住宿方式的爱彼迎（Airbnb）等共享经济平台。相对于国家和街区来说，城市是平台在物质空间的最佳候选者。[19]如今，智慧城市也被看作一个能满足市民需求且位于物理空间的平台。这个平台既包括平台的技术层面的问题，又包括“城市即服务”的理念（不同城市行业的服务者组成城市的创新生态系统），它们像软件开发者为手机开发软件一样为城市开发应用和服务。而大型技术公司在“智慧城市是平台”的建构中起到主导作用。这不得不让我们思考两个问题：一是私人控制和公共空间的问题，二是生活在智慧城市中的个体隐私问题（更多内容参见第9章）。

知识框　常见的智慧城市定义——智慧城市的六个方面

我们经常在智慧城市定义中看见这样的说法：智慧城市是由智慧环境、智慧生活、智慧经济、智慧移动、智慧治理和智慧公民六个方面组成。这种从六个方面定义智慧城市的说法来源于2007年维也纳技术大学的鲁道夫·吉芬格（Rudolf Giffinger）等人的研究。[23]这项研究本是对欧洲70个中等城市的智慧城市项目进行测评。但是，在定义智慧城市这一小节中，他们意识到很难给智慧城市下一个清晰的定义，于是在文献阅读和一系列圆桌会议商讨之后，他们提炼出智慧城市的六个方面的内容。

①智慧环境涉及自然条件的吸引度、污染程度及对资源的可持续管理等内容。

②智慧生活涉及生活质量、文化和教育资源的可达性、旅游吸引力、社会融合程度、健康的环境、人身和房屋的安全等内容。

③智慧经济涉及创新和创业精神、生产效率、融入全球市场、灵活的劳动市场，以及转化能力等内容。

④智慧移动涉及本地和超本地的可达性，ICT的可用性及可持续，创新、安全的交通等内容。

⑤智慧治理涉及参与决策、公共和社会服务、透明的治理及政治战略的质量等内容。

⑥智慧公民涉及人和社会资本的条件、创造力、社会和族裔多元化、世界主义和参与公共生活等内容。

1.3 本章小结

本章从定义的角度探索什么是智慧城市。从上述探讨中我们可以看出智慧城市是一个仍然在不断发展的概念，很难对其给出一个清晰的定义。从不同智慧城市的定义中我们可以看到这样一种趋势，那就是智慧城市从早期以技术和商业为中心的定义，逐渐发展为包括创造力、人力资本、教育和学习、社会包容和治理、可持续发展等更丰富内涵的定义。[24]

针对智慧城市定义的模糊性，我们应该怎样理解呢？克拉克（Clark）从安·马库森（Ann Markusen）的“模糊不清的概念”（fuzzy concept）中的得到了启示，指出这种模糊性的不足。克拉克认为，如果我们无法清晰地找出智慧城市项目的行动者和项目发展的过程，那么将无法确定应在何处进行政策干预才能对智慧城市项目产生效果。[25]而杰曼·R.哈里古亚（Germaine R. Halegoua）则认为智慧城市概念的模糊性本身有一定的益处，因为这种模糊性可以使对城市问题感兴趣的各类组织根据自身利益借用智慧城市概念进行创新活动[26]。

课后探索

1. 查一查：你所在的城市的智慧城市项目对智慧城市的定义是什么？该定义属于本章所讲的哪类智慧城市定义？

2. 请打开网络浏览器的图片搜索栏，输入“智慧城市”并浏览这些图片，简单描述一下这些图片所呈现的智慧城市视觉内容（如元素、色彩、主题）。想一想：这些视觉呈现主要反映了哪种智慧城市定义？

参考文献

[1] DE JONG M, JOSS S, SCHRAVEN D, et al. Sustainable-smart-resilient-low carbon-eco-knowledge cities; making sense of a multitude of concepts promoting sustainable urbanization[J]. Journal of Cleaner production, 2015, 109: 25-38.

[2] MANVILLE C, COCHRANEG, CAVE J, et al. Mapping smart cities in the EU [EB/OL]. [2022-09-08]. https://www.europarl.europa.eu/RegData/etudes/etudes/join/2014/507480/IPOL-ITRE_ET(2014)507480_EN.pdf.

[3] 唐斯斯，张延强，单志广，等. 我国新型智慧城市发展现状、形势与政策建议[J]. 电子政务，2020(4)：70-80.

[4] FROST, SULLIVAN. Smart cities to create business opportunities worth $2.46 trillion by 2025, says Frost & Sullivan [EB/OL]. Frost & Sullivan, (2021-09-24) [2022-08-01]. https://www.frost.com/news/press-releases/smart-cities-to-create-business-opportunities-worth-2-46-trillion-by-2025-says-frost-sullivan/.

[5] MARSA-MAESTRE I, LOPEZ-CARMONA M A, VELASCO J R, et al. Mobile Agents for Service Personalization in Smart Environments[J]. Networks, 2008, 3(5): 30-41.

[6] YIGITCANLAR T. Smart cities: An effective urban development and management model? [J]. Australian Planner, 2015, 52(1): 27-34.

[7] GIFFINGER R, FERTNER C, KRAMAR H, et al. Smart cities. Ranking of European medium-sized cities. Final Report[J]. 2007: 12.

[8] Smart Cities World. More than half of Britons don't understand what a smart city entails [EB/OL]. (2021-07-16) [2022-08-01]. https://www. smartcities-world net/news/news/more-than-half-of-britons-dont-understand-what-a-smart-city-entails-6625.

[9] KEHOE M, COSGROVE M, GENNARO S, et al. Smarter cities series: a foundation for understanding IBM smarter cities[J]. Redguides for Business Leaders, IBM, 2011: REDP-4733.

[10] Falconer G, Mitchell S. Smart city framework [EB/OL]. Cisco Internet Business Solutions Group, (2012-09) [2022-05-01]. https://www.cisco.com/c/dam/en_us/about/ac79/docs/ps/motm/Smart-City-Framework.pdf.

[11] KOURTIT K, NIJKAMP P. Smart cities in the innovation age[J]. Innovation: The European Journal of Social Science Research, 2012, 25(2): 93-95.

[12] THITE M. Smart cities: implications of urban planning for human resource development[J]. Human Resource Development International, 2011, 14 (5): 623-631.

[13] HARRISON C, DONNELLY I A. A theory of smart cities [EB/OL]. (2011-09-23)[2022-07-15]. https://journals.isss.org/index.php/proceedings 55th/article/view/1703/572.

[14] HOLLANDS R G. Will the real smart city please stand up? Intelligent, progressive or entrepreneurial? [J]. city, 2008, 12(3): 303-320.

[15] CLENNELL P. Business matters: Creating the right environment for Smart City Initiatives [EB/OL]. Insider Media Ltd, (2018-10-24) [2022-08-03]. https://www.insidermedia.com/blogs/north-west/business-matters-creating-the-right-environment-for-smart-city-initiatives.
[16] ALAWADHI S, ALDAMA-NALDA A, CHOURABI H, et al. Building understanding of smart city initiatives [C]//Scholl H.J., Janssen M., Wimmer M.A., et al. L.S.Lecture Notes in Computer Science, vol 7443. Berlin Heidelberg: Springer, 2012: 40-53.
[17] NAM T, PARDO T A. Conceptualizing smart city with dimensions of technology, people, and institutions.[C]/.o '11: Proceedings of the 12th Annual International Digital Government Research Conference: Digital Government Innovation in Challenging Times. New York: Association for Computing Machinery, 2011: 282-291.
[18] CARAGLIU A, DELBO C, NIJKAMP P. Smart cities in Europe[J]. Journal of urban technology, 2011, 18(2): 70.
[19] MOSCO V. The smart city in a digital world[M]. Bingly: Emerald Publishing, 2019: 32-33.
[20] MCFDRIES P. The city as system [tchnically seaking] [J]. IEEE Spectrum, 2014, 51(4): 36.
[21] MUMFORD L. The city in history: Its origins, its transformations, and its prospects[M]. Boston, Massachusetts: Houghton Mifflin Harcourt, 1961: 344.
[22] MATTERN S. A city is not a computer: Other urban intelligences[M]. Princeton, New Jersey: Princeton University Press, 2021: 68.
[23] GIFFINGER R, GUDRUN H. Smart cities ranking: an effective instrument for the positioning of the cities? [J]. ACE: architecture, city and environment, 2010, 4(12): 7-26.
[24] PRAHARAJ S, HAN H. Cutting through the clutter of smart city definitions: A reading into the smart city perceptions in India[J]. City, Culture and Society, 2019, 18: 100289.
[25] CLARK J. Uneven innovation: The work of smart cities[M]. Columbia University Press, 2020: 2.
[26] HALEGOUA G. Smart cities[M]. Cambridge, Massachusetts: MIT Press, 2020: 6.

第2章　与技术有关的城市概念

虽然智慧城市的定义依然模糊，但是在各类智慧城市的定义中都或多或少涉及技术元素。在过去几十年里，ICT越来越多地渗透到我们的城市发展中，极大地塑造了我们对未来城市的想象，许许多多与技术有关的城市概念出现了，比如，有线城市（wired city）、赛博城市（cyber city）、数字城市（digital city）、虚拟城市（virtual city）、信息城市（information city）、智能城市（intelligent city）等。这些与技术有关的城市概念都从不同角度探索ICT与我们当代城市之间的关系。随着智慧城市运动的兴起，这些概念又重新被提及，并常常与智慧城市的概念产生混淆。比如，我们在智慧城市文献中能读到这样的论述："智慧城市是继数字城市、信息城市之后城市信息化的高级阶段"[1]或者"智慧城市就是智能城市"，抑或是"智慧城市是从数字城市一步步走过来的，与数字城市是一脉相承的城市发展形态"[2]。如何理解这些城市概念与智慧城市之间的关系是本章的重点。本章将着重介绍数字城市、信息城市、无处不在的城市、智能城市这四种最常与智慧城市混淆的概念。探讨它们分别是在什么样的历史背景下产生的，它们的主要内容和实践，可以它们之间的异同和它们与智慧城市的关系。

2.1　数字城市

"数字城市"这一概念最早在文献中出现是在20世纪90年代中期。由于该概念最早被用于形容虚拟社区空间，因此数字城市也被称为"虚拟城市"。数字/虚拟城市主要基于互联网技术，其并没有考虑虚拟世界和实体世界的融合，更多地关注将现实城市模拟到虚拟世界中，为政府和市民提供新型互动方式、城市信息及新的服务。

20世纪90年代，许多国家都在推进数字城市建设。最早的数字城市实践发生在阿姆斯特丹。1994年，阿姆斯特丹的虚拟社区项目（Amsterdam Digital

City，1994—2001年）旨在建立一个供阿姆斯特丹市政府和市民一起交流的网络平台，该平台包括主页、新闻、聊天室等板块。在美国，美国在线（America Online，简称“AOL”）于1995年建立了AOL数字城市（AOL Digital City）。1999年，该数字城市项目在美国扩展到60个，主要提供一些本地的新闻，社区的资源、娱乐、商贸信息和垂直市场（包括汽车、房产、就业、健康等）的内容。曾有100多个欧洲的政府开展了数字城市建设，自1994年开始，欧洲数字会议每年都会讨论众多议题。除了阿姆斯特丹数字城市以外，另外一个具有代表性的欧洲数字城市项目是虚拟赫尔辛基2000项目。[3]该项目于1996年开始，由赫尔辛基的电信公司主导。该项目致力于建设下一代的通信网络，让公民可以视频通话。除此之外，该项目还着力于建立一个3D的赫尔辛基，让人们在家就可以游览它。

在亚洲，比较有代表性的数字城市项目是日本的数字京都项目（Digital Kyoto），该项目通过“信息层+2D地图/3D虚拟空间+信息交互层”的模式建立数字京都，涉及的应用场景包括让外国游客可以在虚拟空间里游览京都及其灾害疏散系统等。[4]

对比数字城市与智慧城市，日本京都大学的教授石田亨（Toru Ishida）认为数字城市探索的更多是网络空间（cyber space），而智慧城市探索的更多是物理空间（physical space）；数字城市依赖的是互联网技术，而智慧城市依赖的是物联网技术。[5]

2.2　信息城市

“信息城市”是与“数字城市”同时期出现的一个概念，但其普及度远不如数字城市。20世纪90年代，信息经济得以发展。在信息经济发展的早期，城市被认为是信息的生产者，而那些着力发展信息经济的城市被称为“信息城市”。而正是因为信息城市对信息经济的过度关注，导致该概念后来被认为“重信息消费而少社会关怀”。有的学者对比物理城市和信息城市的不同，指出：物理城市边界清晰、需要时间才能形成等特征，与之相比，信息城市没有具体的边界，能承载大量的“信息原住民”（infohabitants）在网上工作和生活。[6]有一些学者认为信息城市是那些收集本地信息，并通过互联网为本地提供服务的城市[7]。从这个角度来说，数字城市和信息城市有相似之处，即利用ICT提供更好的城市服务。而信息城市与数字城市的不同之处在于，信息城市更多地关注收集城市中分散的信息，并将这些信息最终转化为知识。

2.3 无处不在的城市

无处不在的城市（ubiquitous city，简称“u-city”）是普适计算（ubiquitous computing）在城市层面的实现。“ubiquitous computing”一词来源于马克·维瑟（Mark Weiser）于1991年在《科学美国人》上发表的一篇文章。[8]该文章认为计算机在未来将不局限于电脑，而是隐藏和嵌入在日常肌理中（生活中琐碎的事务，例如衣服标签、咖啡杯、电源开关和眼镜等）中。维瑟的文章影响深远，飞利浦公司的ambient intelligence（智慧型环境感知），以及IBM和Cisco的pervasive computing（也译为普适计算）均受其启发。u-city指的是将普适计算和其他相关技术、网络、设备嵌入城市的物理环境中，使市民和城市管理者能随时随地获取信息。[9]

韩国是最典型的也是最早提出和采用u-city概念的国家。早在2004年韩国就开始落实U-Korea战略，推进u-city建设，先是选取首尔、釜山和仁川等6个城市作为u-city示范区，3年后u-city的数量拓展到36个城市。2006年，韩国大力打造松岛，希望将其变成世界上第一个u-city。[10]韩国u-city战略认为城市可以通过网络进行管理，居民在任何时间和地点都能获得城市里聚合的信息技术服务，并希望通过u-city的建设提高国家竞争力和人民的生活质量。但是有批评者指出，在u-city的建设过程中，更多关注的是技术的投入，较少看见市民的参与和社会资本的作用。[11]

在对比u-city和数字城市、信息城市之间的异同时，一些学者认为u-city、数字城市、信息城市都强调信息传输、让市民通过相互连接的ICT基础建设获得信息。因此，这些学者认为u-city是数字城市和信息城市的延伸[7]。还有的学者对数字城市（虚拟城市）和u-city做了更细的划分，认为数字城市关注将城市元素在虚拟世界里的再现，而u-city更多是将传感器、芯片植入已有的城市肌理之中[12]。而在比较u-city和智慧城市之间的异同时，一些学者认为u-city是智慧城市的更高形式：智慧城市是传统的城市服务被电子服务代替，而u-city是将传感器、智慧装置嵌入日常肌理中，使得任何人可以在任何地点任何时间使用任何装置完成其需要做的事。[13]当然这种说法对智慧城市的定义采取的是以技术为中心的智慧城市的狭义定义。

知识框　知识城市（knowledge city）

知识在人类文明的历史中一直扮演着非常重要的作用。例如古希腊的天文、数学知识和古罗马的工程技巧知识在中世纪的西欧消散流失，而这些知识被阿拉伯文明保存，后促进了文艺复兴和工业革命。近年来，知识被认为是有价值且可管理的资产，用于增强企业、组织和城市的竞争力。[14] 21世纪初，工业经济向知识经济转型，人类社会从物质生产纪元转向知识生产纪元。社会越来越依赖知识，而支持知识领域发展的环境与支持之前基于商品生产的制造业的环境是不一样的。为了支持这种新的转变，知识城市这一概念应运而生。知识城市被认为在知识创造、经济增长和发展中起到基础作用。知识城市概念的提出代表人们第一次开始思考支持社会发展的系统结构，这种结构除技术之外通常还包括政治、策略、金融、社会和环境等因素。[15]

知识城市时常与基于知识的集群（knowledge-based cluster）、高技术产业园区（ideopolis）、技术城（technopolis）等概念类似。知识城市关注知识的创新，其地理范围涵盖知识走廊、知识海港、知识村庄、知识区域等。[16]每一个城市所需的知识是不一样的，这导致人们很难界定知识城市具体应包括什么。比如巴塞罗那市政厅在一份文化领域的策略计划中列出的知识城市的特征包括可达性、先进的技术、创新、文化设施和服务、高质量的教育，以及世界级的经济机会等特征。[17]但是，无论统一的知识城市的内涵如何难界定，注重投资人力资本是知识城市的一大重要特征。为了使城市在未来依然保有竞争力，无论是基础建设、公司合作和国际经济等都离不开人的元素作为支撑。

2.4　智能城市

1939年，英国的布莱切利园（Bletchley Park）被认为是第一座智能城市。第二次世界大战期间，布莱切利园作为英国政府针对德军的密码解读的主要阵地，鼎盛时期容纳了12 000名工作人员在此工作。在布莱切利园里，第一次出现了个体、集体、机器智能、知识集中聚集在社区层面，拥有较高的问题解决能力、快速响应能力和低成本的特征。[18]而有关智能城市的第一篇学术论文则出现在1992年。[19]

智能城市的出现是两股发展趋势的结合：一是知识经济在世界范围内的崛起。知识经济重视人和社会资本，认为人和社会资本有助于知识生产、学习和创新，是经济增长的引擎。二是互联网技术在全球的扩散和应用。智能城市将知识经济中对知识和创新的重视与用互联网进行技术创新结合起来，旨在推动可持续的经济发展。因此，智能城市也常被形容成产生于知识城市和数字城市相交的十字路口。李正勋（Lee Jung Hoon）等学者认为智能城市包括三个维度：（1）城市人口的智能、创造和创意；（2）城市机构和社会资本的集体智能；（3）人工智能[7]。由此可见，智能城市并非仅仅是在城市里铺设大量传感器和数字设备，还需关注如何将城市里已有的人/社会资本与ICT结合起来。从这个角度来说，智能城市和知识城市在概念上有相近之处。有的学者认为智能城市有两个特征：（1）关注创新生态圈的建设，希望智能城市能连接国际创新网络和本地的底层创新；（2）智能城市对数据特别的关注，尤其是实时数据。

智能城市这一概念得以流行与新加坡密切相关。20世纪90年代，新加坡意识到必须把其经济从工业经济转向信息经济。[20]因此新加坡政府大量投资ICT，将技术应用于公共服务与市民生活中。1992年，新加坡成立了国家计算机署（National Computer Board，简称“NCB”），它提出了《一个智能岛的愿景：IT 2000》（*AVision of an Intelligent Island*：*IT* 2000）报告。该报告详细阐述了到2000年，IT如何能帮助新加坡增强国家竞争力，提高国民生活质量。[21]1999年，新加坡荣获世界通信端协会（World Teleport Association）和《远程通信杂志》（*Telecommunication Magazine*）颁发的当年的“智能城市”称号（更多内容参见第10章）。

对比数字城市和智能城市的不同，智能城市更多地关注支持城市的学习、技术发展和创新。因此，纳姆（Nam）等认为数字城市不一定是智能城市，但是智能城市一定有数字技术的运用。数字城市更多地考虑城市各功能板块的运作，如房屋、环境、娱乐等。而智能城市更多关注的是研究、技术创新和转化及创意产业等[12]。智能城市看起来和智慧城市是一个很接近的概念，因此常常被混用。考姆尼诺斯（Komninos）指出，智慧城市和智能城市有两点不一样：一是智慧城市对可持续城市环境的追求（关于这一点我们在第4章会涉及）；二是智慧城市关注将最先进的普适计算、移动通信网络、中间件技术等融入城市的物理空间，围绕着智能设备一天24小时不间断地产生数据，并通过传感器等装置收集和分析数据，用于预测和管理城市[18]。

2.5 本章小结

本章介绍了当代城市中涌现出的几种与技术有关的城市概念。这些城市概念都认为技术对城市有重大影响，但是它们看待技术和城市关系的侧重点不同。在实际生活中，这些城市概念常常相互借鉴，有时又相互混淆。本章的主要目的在于厘清这些城市概念自身独特的内涵、思想和技术运用的目标。比如：20世纪90年代的数字城市和信息城市关注搜集和分享城市的信息；21世纪初的知识城市和无处不在的城市建立在较之前更先进的互联网技术之上，ICT也越来越融入城市的基础建设之中，这两个城市概念都开始关注城市的各个层面；而智能城市将人/社会资本、知识和数字技术结合在一起改变城市环境。

厘清这些不同的与技术有关的城市概念，有助于我们更好地理解今天的智慧城市的概念和内涵。相较于无线城市来说，智慧城市应用更复杂和异质的网络设施来提供城市服务；相较于数字城市来说，智慧城市不是简单地把现实城市的内容搬到虚拟空间去；相较于信息城市来说，智慧城市不仅关注经济信息带来的经济效益；相较于无所不在的城市，智慧城市不是单纯地大面积地在城市的方方面面铺设技术设备。相较于智能城市来说，智慧城市除了关注对实时数据的应用，还关注大数据和开放数据等内容。从内涵上来说，智慧城市除了关注国际和本地创新生态圈，还关注多元主体的参与和共治共享等内容。

课后探索

1. 想一想：数字城市、信息城市、智能城市在我国是如何被理解和实践？

2. 查一查：赛博城市、无线城市等其他和技术有关的城市概念的内涵是什么？

参考文献

[1] 金江军，郭英楼. 智慧城市：大数据、互联网时代的城市治理[M]. 北京：电子工业出版社，2018：8.

[2] 我国智慧城市建设若干关键问题研究课题组. 走向智慧城市：我国智慧城市建设若干关键问题研究[M]. 北京：科学出版社，2014：28.

[3] LINTURI R，KOIVUNEN M R，SULKANEN J. Helsinki Arena 2000-Augmenting a real city to a virtual one[C]//Ishida，T.，Isbister，K.（eds）Digital Cities. Digital Cities 1999. Lecture Notes in Computer Science，vol 1765. Berlin，Heidelberg：Springer，2000：83-96.

[4] ISHIDA T. DIGITAL CITY KYOTO. Association for computing machinery[J]. Communications of the ACM，2002，45（7）：76-81.

[5] ISHIDA T. Digital city, smart city and beyond[C]//Proceedings of the 26th International Conference on World Wide Web Companion. Republic and Canton of Geneva, Switzerland: International World Wide Web Conferences Steering Committee, 2017:1151-1152.

[6] SAIRAMESH J, KAVASSALIS P, MARAZAKIS M, et al. Information cities over the Internet: Taxonomy, principles and architecture[J]. Digital Communities, 2002:2.

[7] LEE J H, HANCOCK M G, HU M C. Towards an effective framework for building smart cities: Lessons from Seoul and San Francisco[J]. Technological Forecasting and Social Change, 2014, 89:82.

[8] WEISER M. The Computer for the 21 st Century[J]. Scientific American, 1991, 265(3):94-105.

[9] SCHUMANN L, STOCK W G. Acceptance and use of ubiquitous cities' information services[J]. Information Services & Use, 2015, 35(3):191.

[10] SHWAYRI S T. A model Korean ubiquitous eco-city? The politics of making Songdo[J]. Journal of Urban Technology, 2013, 20(1):39-55.

[11] SHIN D H. Ubiquitous city: Urban technologies, urban infrastructure and urban informatics[J]. Journal of Information Science, 2009, 35(5):515-526.

[12] NAM T, PARDO T A. Conceptualizing smart city with dimensions of technology, people, and institutions.[C]// dg.o '11: Proceedings of the 12th Annual International Digital Government Research Conference: Digital Government Innovation in Challenging Times. New York: Association for Computing Machinery, 2011: 282-291.

[13] RAD T G, SADEGHI-NIARAKI A, ABBASI A, et al. A methodological framework for assessment of ubiquitous cities using ANP and DEMATEL methods [J]. Sustainable cities and society, 2018, 37:609.

[14] ANGELIDOU M, GOUNTARAS N, TARANI P. Engaging digital services for the creation of urban knowledge ecosystems: the case of Thermi, Greece[J]. International Journal of Knowledge-Based Development, 2012, 3(4):331-350.

[15] ERGAZAKIS K, METAXIOTIS K, PSARRAS J. Towards knowledge cities: conceptual analysis and success stories [J]. Journal of knowledge management, 2004, 8(5):5-15.

[16] KNIGHT R V. Knowledge-based development: policy and planning implications for cities [J]. Urban studies, 1995, 32(2): 225-260.
[17] Barcelona City Government.Culture, the motor of the knowledge city: strategic plan of the cultural sector of Barcelona[R]. Bareelona, Council of the Stategic Plan of the Cultural scctor, 2003.
[18] KOMNINOS N. Intelligent cities: Variable geometries of spatial intelligence [J]. Intelligent Buildings International, 2011, 3(3): 172-188.
[19] LATERRASSE, J. The Intelligent City: Utopia or Tommorrow's Reality? [G]// F. Rowe and P. Veltz (eds.). Telecom, Companies, Territories. Paris: Presses de l' ENPC, 1992.
[20] MAHIZHNAN A. Smart cities: the Singapore case[J]. Cities, 1999, 16(1): 13-18.
[21] CHOO C W. IT2000: Singapore's vision of an intelligent island[C]// Droege P (ed.). Intelligent Environments: Spatial Aspects of the Information Revolution. Amsterdam: Elsevier Science, 1997: 49-65.

第3章　智慧城市的起源与IBM的智慧城市实践

"智慧城市"一词到底是什么时候出现的，目前依然众说纷纭。迈克尔·巴蒂（Michael Batty）在其《创造未来城市》一书中认为，"智慧城市"这个词似乎在吉布森（Gibson）、科兹迈茨基（Kozmetsky）和斯迈勒（Smilor）等人于1992年编写的《技术城现象：智慧城市、快速系统、全球网络》（*The Technoplis Phenomenon*：*Smart Cities*，*Fast Systems*，*Global Networks*）一书中最早出现。[1]有的学者认为，智慧城市这一提法最早出现于1990年5月在美国旧金山举行的第一次国际会议上。[2]有的学者认为智慧城市概念和20世纪90年代在美国兴起的"智慧增长运动"有关。[3]有的学者将智慧城市的历史追溯到20世纪90年代中期。当时，一些城市在采用ICT基础设施、发展电子政务和吸引高技术产业来促进经济增长时会在城市前冠上"智慧"之名。某种程度上可以被当作今天智慧城市先行者的是1994年澳大利亚建设的阿德莱德多功能城（Multifunction Polis of Adelaide，简称"MFP"），以及1997年马来西亚为了帮助该国进入高技术世界行列而建设的两座新城：塞城（Cyberjaya）和布城（Putrajaya）。这些城市不仅用ICT基础设施来促进经济发展，还初见端倪地用ICT来优化和自动化城市的运行。而今天我们所说的智慧城市和20世纪90年代出现的那些自我定义的智慧城市不同，其起源（比较常见的说法）和IBM联系在一起。本章将首先介绍IBM提出智慧城市概念的背景和历史，其次介绍IBM智慧城市计划中的两大特色实践——智能运营中心和智慧城市挑战计划，最后深入分析IBM智慧城市的底层逻辑——"系统之系统（system of systems，SoS）"，以及该逻辑与控制论之间的关系。

3.1　IBM与智慧城市的起源

1880年，美国进行了第10次人口普查，统计学家赫尔曼·霍勒瑞斯

（Herman Hollerith）受雇于人口普查办公室，他发明了快速处理人口数据的制表机。1911年，他将公司和其他两家公司合并，成立了新公司——计算制表记录公司。该公司在托马斯·J. 沃森（Thomas J. Watson）的领导下改名为“国际商用机器公司”（International Business Machines，简称“IBM”）。1956年后，IBM在沃森的带领下成为全球最大的计算机厂商。1993年，IBM因盲目扩张，年亏损达81亿美元，这使得IBM不得不将公司的重心从硬件设计和生产转向咨询服务和软件。2004年，IBM将其PC业务出售给联想公司。2005年左右，时任IBM CEO的萨米尔·J. 帕米沙诺（Samuel J. Palmisano）让他的副总裁寻找和世界重大问题有关的议题。经过为期3天、约10万人参加的线上讨论，“更智慧的星球”（smarter planet）作为其中的一项讨论结果第一次被提出。[4]2007年，IBM又进行了公司内的概念测试，发现技术解决方案和当今世界的许多亟须解决的问题都能对应上。

2008年11月6日，在次贷危机的中期，帕米沙诺在纽约的外交关系协会上提出“更智慧的星球”这一概念。随后，帕米沙诺做了一场名为“更智慧的星球：下一代领导人议程”（*A Smarter Planet: the Next Leadership Agenda*）的演讲。在演讲中，帕米沙诺列举能源浪费、城市污染、食物浪费、缺乏效率的供应链、落后的医疗体系等问题，并提出技术可以帮助改善现有城市系统的方方面面。例如，发展智慧交通系统、智慧水务管理和智慧医疗等。[5]从此之后，IBM投入大量的广告宣传智慧城市。2009年9月25日，IBM还将智慧城市注册成为商标（Mark 79077782）；同年，IBM发布《智慧城市愿景》报告，尽管该报告中使用“更智慧”（smarter）一词的频率高于“智慧”（smart），但许多人将智慧城市的起始归结于该报告。该报告中认为，城市的运行由城市服务、市民、商业、交通、水和能源等核心系统组成，这些核心系统组成了“系统之系统”。该报告阐述了新技术将如何优化现有的城市核心系统，以达到提高效率和可持续发展的目的。[6]

3.2 IBM的智慧城市实践

3.2.1 智能运营中心

IBM《智慧城市愿景》报告中最重要的是其城市控制系统，后来演变成我们现在熟知的“智能运营中心”（intelligent operation centre）项目。IBM为城市管理设计一套数据分析系统平台的想法最早来源于IBM的内部研究。

2008年左右，IBM在为阿联酋的马斯达尔城（Masdar City）提供能源可持续性分配方面的咨询时发现，马斯达尔城准备采用太阳能为这座未来城市供电，但是当太阳能不足时如何对不同的群体分配电力资源成为一个问题。因此，IBM意识到城市需要一个控制系统，将复杂的城市状态简化成可以被控制系统计算的变量。

2010年，IBM为城市建立一套控制系统的想法在巴西里约热内卢的“智能运营中心”项目中得到实践。该项目的起因是在2010年4月，里约热内卢经历了一场大洪灾，上百人丧生。面对这样一场悲剧和两场即将到来的世界级的体育盛事（2014年的世界杯和2016年的夏季奥运会），急于改变城市现状的市长爱德华多·派斯（Eduardo Paes）联系了IBM的工程师团队，希望设计一套灾害管理和预警系统。派斯市长在当地社区新建了一座建筑来放置这套预测降雨和管理洪水的系统。后来，IBM的工程师团队对该项目进行重新构思，认为其不仅是灾害管理系统，还可以管理城市的其他方面。[7]最终，该智能运行中心容纳了30多个不同部门，包括交通、公共事业、应急管理、气象等部门，各部门协同办公，既能处理紧急情况，又能监测城市交通、垃圾回收和水电等运行情况，所有的实时数据都被汇聚到智能运行中心。在智能运营中心的大厅里，有一面墙一样大的屏幕被分割成不同小块，里面播放着实时天气情况和来自监控摄像机的街区实时视频流。这些实时数据连同历史数据一起被数据分析师处理、分析和可视化展示。数据分析师可以掌握城市某一方面在某一时间阶段内的运行情况，并能通过建模对未来发展趋势进行预测。

3.2.2 智慧城市挑战计划

2010年，IBM展开了智慧城市挑战计划。该计划将IBM的公益咨询团队与世界各地城市进行配对，首先尝试性地用IBM的技术和专业知识为24个城市提供了智慧城市解决方案。随后，IBM又提供等价5000万美元的技术和服务，计划用三年时间为全球100个城市提供智慧城市公益咨询服务。[8]在该计划进行的过程中，IBM发现这些城市不仅希望通过IBM了解更多的针对城市问题的智慧管理策略，还希望以建设智慧城市的名义将自身的城市变成全球信息经济的“节点”。IBM的“智慧城市挑战”计划围绕9个主题展开，分别是行政、市民参与、经济发展、教育和劳动力、环境、公共安全、社会服务、交通、城市规划。这项计划通常先由入选城市提供它们的城市问题，然后IBM以技术官僚主义的手段去解决。这些一揽子的技术解决方案看似能快速应对城市问题，但是它们常常忽视当地背景和产生城市问题的社会原因。

3.3　IBM的“系统之系统”与控制论的复兴

IBM认为，城市可以被看作“由许多系统组成的复杂网络”。[6]IBM智慧城市建设逻辑体现了一种被称为“系统之系统”（system of systems）的猜想。IBM将城市看作相互连接的系统之系统。[9]如图3-1所示，IBM认为城市由三大系统组成：规划与管理、基础设施服务和公共事业。每一个系统下又分别细分了三个系统：规划与管理系统下包括公共安全、智慧楼宇与城市规划和政府服务三个系统；基础设施服务系统下细分为能源与水、环境和交通三个系统；公共事业系统下则包括社会问题、医疗保健和教育三个系统。IBM将每一系统都看作一个独立的系统，而城市则是由系统之系统组成。而上述九个系统都将由前文介绍的IBM智能运营中心对其进行集中管理。

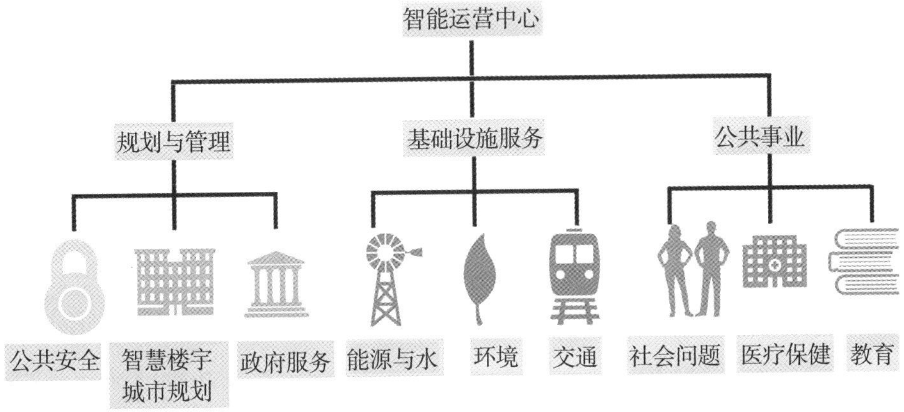

图3-1　IBM的“系统之系统”理念

知识框　系统思维

在城市理论和城市规划中，系统的思维方式并非当下才有，它拥有很长的谱系。17世纪，哈维提出了血液循环理论。哈维对动脉、静脉和心脏的研究促进了人们将身体当作一个机械性循环系统的认识。系统循环的思维影响了18世纪启蒙运动的城市规划者，他们希望将城市的运作看作一个健康的身体[10]，城市的交通就像人体的血液循环系统一样。从此，规划领域将城市看作是不同功能的有机组合的思维代替了之前对空间的理性几何思维。20世纪60年代，系统思维成为规划理论和城市地理中较为有影响力的理论。1964年，布莱恩·贝里（Brian Berry）将城市定义为“作为城市系统内的系统”[11]。如今，IBM重拾系统思维，认为城市由九大系统组成，这些系统都能被测量和优化。

IBM的“系统之系统”想法的产生并非无中生有，对该想法产生直接影响的是杰伊·W. 福里斯特（Jay W. Forrester）的系统动力学。第二次世界大战促进了自动控制系统的发展。1948年，麻省理工学院的诺伯特·维纳（Norbert Wiener）出版了《控制论——关于动物和机器中控制和通信的科学》（*Cybernetics—Or Control and Communication in the Animal and the Machine*），这标志着控制论的诞生[12]。控制论认为组织、机械、城市、人类都可被视为一个系统。而任何系统之间的流量都能形成方程式，如果集合这些方程式将能通过数学建模来模拟事物的运行，分析人员还可通过改变输入信号和观察对事物的未来发展进行预测。控制论在防卫和航天领域获得成功，一些控制论学者开始设想是否可以将其用于解决城市问题。与诺伯特·维纳同一时期就职于麻省理工学院的福里斯特是这类学者的代表。他就一系列城市问题征求专家的意见，并研究出能描绘城市运作方式的118个方程式，并用计算机编程构建出城市发展、停滞和复苏原因的模型。他在代表作《城市动力学》中提出通过计算机模拟可以研究特定参数的变化对城市问题的影响。[13]在该书中他用这种方法论证建立低收入房的不良影响，并提出大规模清理低收入区和废除公共住房的提议。福里斯特的理论分别在匹兹堡和纽约进行实验，但是都以失败告终。20世纪60年代匹兹堡政府试图开发一款能进行交通、土地使用和公共服务等公共支出决策的计算机模拟系统。但是该系统并没有带来更好的决策，反而使得决策者不得不简化和限定问题以适应该计算机模型。但是更惨烈的案例发生在20世纪70年代的纽约。兰德研究所为纽约市消防局开发了一个城市消防系统。但该系统建立在失真的假设上，并只考虑反映时间这一影响因素。基于消防系统的计算，消防局关闭了纽约贫困地区的几个繁忙的消防公司，使得剩下的消防公司压力骤增，这最终导致该市布朗克斯等地区毁于火灾。[7]

经过30年的实验，城市规划学者几乎摒弃了控制论和系统动力学。但是，IBM复兴了系统动力学，这主要和IBM的智慧城市的战略家贾斯汀·库克（Justin Cook）有关。库克曾是福里斯特所在的麻省理工学院斯隆商学院的研究生。在IBM智慧城市战略下，库克选择波特兰市来复兴城市动力学。IBM团队随后花一年时间建模，开发出3000个方程式。但是，目前波特兰模型和当年的福里斯特模型一样并未对政策产生任何影响。著名城市建模领域专家迈克尔·巴蒂（Michael Batty）在评价系统建模时说道，这些自上而下建立起的模型都假设外部环境是不存在的，城市的运作依赖于各部分的反馈以恢复平衡。但是，实际上我们知道城市并不能和外部环境隔离，也不会自动恢复平衡[14]。

3.4　本章小结

本章我们了解了IBM公司是在何种情况下提出其“更智慧的星球”计划，该计划常被认为是当今如火如荼的智慧城市建设的起始点；介绍了IBM雄心勃勃的智能运营中心计划和智慧城市挑战计划的具体内容；我们深度解剖了IBM智慧城市的“系统之系统”思维，以及这种思维是如何受西方传统系统思维和控制学的影响。值得重视的是，IBM智慧城市计划和背后的逻辑所存在的潜在问题。我们应该思考：复杂的城市现象是否可以像IBM所说的可以总结为九个系统？繁复的城市活动是否仅仅是系统中的数据？城市的哪些方面是无法被简化成被测量的数据的？之后的章节，我们会回到这些问题，并围绕着这些问题进行更加深入的探讨。

课后探索

1. 我国的许多智慧城市项目都包含“智慧大脑”的内容，请查找相关资料并简述什么是“智慧大脑”。

2. 想一想：“智慧大脑”和本章所讲的IBM智能运营中心及控制论有什么关系？

参考文献

[1] 迈克尔·巴蒂. 创造未来城市[M]. 徐蜀辰，陈珝怡，译. 北京：中信出版社，2020：221.

[2] 我国智慧城市建设若干关键问题研究课题组. 走向智慧城市：我国智慧城市建设若干关键问题研究[M]. 北京：科学出版社，2014：28.

[3] HARRISON C，DONNELLY I A. A theory of smart cities [EB/OL].（2011-09-23） [2022-07-15]. https://journals.isss.org/index.php/proceedings

55th/article/view/1703/572.

[4] WIIG A. IBM's smart city as techno-utopian policy mobility[J]. City, 2015, 19 (2-3): 261.

[5] PALMISANO S J. A smarter planet: the next leadership agenda[J]. IBM, November, 2008, 6: 1-8.

[6] KULESA, TAMARA. A vision of smarter cities: How cities can lead the way into a prosperous and sustainable future[EB/OL]. (2010-17-1)[2022-07-16]. http://www.ibm.com/downloads/cas/mya26adq.

[7] TOWNSEND A M. Smart cities: Big data, civic hackers, and the quest for a new utopia[M]. New York: WW Norton & Company, 2013: 66.

[8] IBM. IBM Smarter Cities Challenge: About the Challenge [EB/OL]. (2013-1-13) [2022-07-16]. http://www.smartercitieschallenge.org/smarter-cities/.

[9] DEANGELIS S. A Thought Probe Series on Tomorrow's Population, Big Data, and Personalized Predictive Analytics: Part 1, Getting Started[EB/OL]. (2013-5-13) [2022-07-16]. http:// enterrasoloutions.com/a-thought-probe-series-on-tomorrows-population-big-data-and-personalized-predictive-analytics-part-6/.

[10] SENNETT R. Flesh and stone: The body and the city in western civilization [M]. New York, USA: WW Norton & Company, 1996: 256.

[11] BERRY B J L. Cities as systems within systems of cities[J]. Papers in regional science, 1964, 13(1): 147-163.

[12] 杭州城市大脑协同创新基地课题组:城市大脑导论[M]. 北京:电子工业出版社, 2021: 134-135.

[13] FORRESTER J W. Urban Dynamics [M]. Waltham, MA: Pegasus Communications, Inc. , 1969: 71-107.

[14] BATTY M. Building a science of cities[J]. Cities, 2012, 29: 9-16.

第4章　智慧城市兴起的逻辑

自IBM提出“更智慧的星球”（smarter planet）概念之后，在全球范围内迅速掀起了一场智慧城市运动。但是，为什么“智慧城市”概念能被这么多国家和地区接受，为了弄清这个问题，我们有必要先厘清两个问题：一是，为什么需要建设智慧城市？二是，建设智慧城市有哪些益处？本章回顾了智慧城市提出早期的各种宣传资料，从中找出三个需要建设智慧城市的理由：城市化进程的加速、全球气候变化和财政紧缩。并从中总结出优化城市资源管理和提高效率、促进经济增长、提高生活质量和提高市民参与度等建设智慧城市的益处。

4.1　为什么要建设智慧城市

4.1.1　城市化进程的加速

在各种智慧城市宣传手册和建设方案中，都会出现这样一个统计数字，即“到2050年，全球将会有70%的人生活在城市”。虽然城市化并非一个崭新的现象，但是在人类历史上的绝大多数时间里，我们并没有生活在城市里。据估计，1600年世界上只有5%的人口居住在城市，这一数据在1800年上升到了7%。[1]1900年全球只有13%的人口住在城市，1950年全球只有30%的人居住在城市。快速的城市化进程发生在20世纪和21世纪。尼日利亚的拉各斯在20世纪60年代是一个人口只有20万的城市，而现在该市是一个拥有2200万人口的特大城市。我国的深圳在20世纪只是珠江三角洲地区的一个小渔村，如今已经变成一个拥有1700多万人口的特大城市。

城市化的趋势创造一个新的概念——“特大城市”（mega city），指的是人口超过1000万的城市。2018年，据统计全球有33个特大城市，而这一数字到2030年估计将达到41个。全球范围内增长得最快的城市是人口在100万以上的城市。2016年，世界上有512个人口在100万以上的城市，这一数据到2030

年估计将达到662个。[2]今天，城市里的人口还在不断增加，预计到2040年，居住在城市里的人口将达到68%。也就是说，世界上每秒有2人移居到城市，每天有约180 000人搬至城市，几乎每个月都在产生像纽约那么多人口的城市。

在人类文明进程中，城市从未像今天这般重要。正如前美国丹佛市市长惠林顿·E. 韦伯（Wellington E. Webb）说的："19世纪是帝国的世纪，20世纪是民族国家的世纪，21世纪将成为城市的世纪。"[3] 面对呈指数增长的城市人口，城市将变得不堪重负。涌入城市的人口给城市的交通、水资源供应、废水处理、空气污染、噪声和卫生医疗等带来新的挑战。为了容纳不断增长的城市人口，智慧城市的倡导者宣称发展智慧城市能解决未来城市面临的问题。正如施耐德电气（Schneider Electric）在官网上表示："城市面临巨大的挑战：交通堵塞、污染、停电、犯罪、债务和日益增长的开销，与此同时城市之间相互竞争以获取更多的投资、工作和人才。因此城市需要变得智慧：更高效、可持续和有活力。"[4]

知识框　城市化与城市时代

不同的学科对什么是城市化（urbanisation）给出的定义不同。地理学将城市化视为农村地区或者自然区域转变为城市地区的过程；经济学将城市化定义为农业向非农业经济结构转变,劳动力向第二、三产业转变；人口学认为城市化是乡村人口向城市聚集的过程。20世纪著名的城市学家路易斯·沃思（Louis Wirth）认为，城市化意味着农村生活方式向城市生活方式的发展和质变的全过程。衡量城市化的程度常用居住在城市的人口所占的百分比来表示。

世界各地的城市化进程是不一样的。根据联合国支持的一份研究报告显示，非洲的城市化水平最低，每年的城市化增长率超过了4%。1995年，非洲人口超过100万的城市只有28个，这一数据在2005年增长到了43个。亚洲和太平洋地区居住着全球一半的人口，特别是受中国和印度工业化的影响，该地区城市化发展快速。中国和印度的城市人口增长较快,两国的城市人口在2018年统计时占了全世界城市人口的30%。[5]拉丁美洲的城市人口约5.4亿，占该地区总人口的78%。但是不同国家的城市化程度各不相同，一些南美洲国家的城市化率达到90%，而中美洲国家（如尼加拉瓜）则只有

50%。欧洲的城市化进程开始较早，城市化程度较高，近十几年来1/3的欧洲城市出现人口下降的趋势，城市化进程放缓。[6]

从1951年开始，联合国的研究团队开始系统地跟踪全球人口发展情况。直到1980年中期，联合国开始在其常规报告中预测全球范围内向城市转型的现象。2007年，联合国的研究报告宣告“城市时代”（urban age）的即将到来，认为2008年，人类历史上首次一半的人将居住在城市。[7]但是尼奥·布伦纳（Neil Brenner）和克里斯提·施密特（Christian Schmid）对“城市时代”论题的批判值得我们注意。他们用证据证明“城市时代”在经验上站不住脚且在理论上不连贯，同时他们还提出了一系列思考当今全球城市状况的替代性方法论。[8]

4.1.2 全球气候变化

大规模气候变化是当今人类不得不面对的问题。2015年12月12日，195个国家在巴黎举办的第二十一届联合国气候变化大会（COP21）上达成了应对气候变化的协议——《巴黎协定》。实际上，从1997年《京都协定书》签订以来，城市便成了低碳未来的重点，因为，城市不仅是经济增长的发动机，同时也是能源和资源的主要消费者、二氧化碳产生的中心[9]。预计到2050年，城市将消耗80%的能源、消耗75%的资源和产生75%的二氧化碳。[10]气候组织（The Climate Group）曾于2008年预计，ICT将变成控制温室气体的重要领域，且到2020年，ICT的使用将减少15%的温室气体排放量。[11]因此，建设智慧城市被认为能帮助城市更高效地运转、减少碳足迹，从而减缓全球气候变暖的速度。

在许多国家和地区的智慧城市计划中，我们都可以看见智慧城市应对气候变迁、能源和碳排放量方面的内容。比如2009年2月，时任美国总统巴拉克·奥巴马（Barack Obama）发布《经济复苏计划》，计划投资110亿美元建设新一代智能电网、减少能源支出和减少碳排放量。[12]据美国电力科学院估计，智能电网能让美国在2030年每年减少1900～3700万吨的二氧化碳排放量。[13]2012年，欧盟委员会启动了“智慧城市和社区欧洲创新伙伴行动”（Smart Cities and Communities European Innovation Partnership，简称“SCC-EIP”），该行动为欧盟成员国提供智慧城市基金援助，可持续能源和环境议程是该基金的重要支持领域。但是值得我们注意的是，建设智慧城市并不一定能到达可持续发展的目标。如伊吉特坎拉尔（Yigitcanlar）对英国智慧城市进行的分析，发现并没有证据表明英国智慧城市的建设减少了碳排放量[14]。而文森特·莫斯可（Vincent Mosco）则提醒我们，全球范围内数据中心的扩张将扩大对电力的需求，从而增加碳消费（相关内容参见第6章云计算与环保问题）。[15]

4.1.3 财政紧缩

上一章介绍IBM与智慧城市历史时提到，IBM的“更智慧的星球”是在次贷危机的中期提出来的。2008年，美国爆发的次贷危机引发了全球性的金融危机，许多城市都面临着财政紧缩的问题，这一点在欧洲城市尤为明显。2011年，英国首相大卫·卡梅伦（David Cameron）提出了“大社会”（big society）的口号，削减政府对公共服务的预算。在财政紧缩的情况下，城市无法给所有的市民提供良好的公共服务。在财政紧缩的大背景下，智慧城市的建设被认为能提供更好的城市服务。比如，在房屋里安装的能感知冲击力大小和热量指数的热敏或者振动敏感地砖，当独居老人不慎摔倒后，从地砖获取的数据可以进行紧急呼救，这将有助于促进未来社会的居家养老（aging in place），以缓解养老资源不足的问题。ABI研究公司2017年的一项研究预测，2022年，智慧城市能为全球节省5万亿美元，其中，智慧路灯和楼宇的维修费将降低30%，通过部署智能电表和微电网，居民每年将节省266亿美元的开支。[16]时任巴塞罗那副市长的安东尼·维维兹（Antoni Vives）在2014年曾宣称智慧城市将帮助该市在水务、照明和停车管理上节约7500万欧元开支。[17]

除了以上三种原因以外，不同国家和地区由于政治、经济和文化的不同，它们理解和选择建设智慧城市的原因也各有不同。比如英国是全球范围内较早展开智慧城市建设的国家，其推动建设智慧城市的主要原因之一是英国在智慧城市产品和服务方面在国际上具有竞争优势，英国政府希望大力发展智慧城市以获得全球10%的智慧城市市场份额。[18]日本早期的智慧城市也是考虑智慧城市的出口价值，而在2011年福岛核事故发生之后，日本大力推进智慧城市的原因是其有利于应对城市灾害、人口老龄化及经济停滞等问题。[19]印度建设智慧城市是为了促进该国现代化进程及发展基础建设。[20]而在我国，新一代信息技术带来新的机遇，建设智慧城市不仅能推动我国城市的发展转型，还能促进产业升级和增强国家竞争力。[12]

4.2　建设智慧城市的益处

许多城市在结合全球大的社会经济背景和本地具体情况下选择建设智慧城市，但是智慧城市究竟能给我们带来什么好处？何塞・昂迪维拉（José Ondiviela）将智慧城市的益处总结为七点：节省开支、影响环境、提高效率、增强连接性、提高生活质量、促进经济繁荣，以及提升城市的吸引力。[21]而学者杰曼・R.哈里古亚（Germaine R. Halegoua）则将智慧城市的益处归纳为四点：高效率、认知和响应能力、可持续性、经济发展及市民参与。[22]前文我们已经介绍了智慧城市对环境的影响，这节我们将着重介绍优化城市资源管理和提高效率、促进经济增长、提高生活质量和提高市民参与度这四个智慧城市的益处。

4.2.1　优化城市资源管理和提高效率

在城市规划和管理的历史上，有一系列策略让城市运作更高效。特别是当全球经济不景气的时候，智慧城市的倡导者认为技术，特别是物联网技术，将有助于优化城市资源的管理，提供更高效的公共服务。例如，在极端大雪天气条件下，利用城市数据能更好地分配清雪车和规划清雪车的工作路线以达到快速清雪的目的；在依赖太阳能发电的城市遇到太阳能不足的情况下，在短时间内通过智能电网调取替代能源以应对能源缺口；在供水网安装防漏监控系统可减少水资源的浪费；搭建智慧交通平台可缓解交通堵塞等问题。巴塞罗那的一项研究表明每天平均每人在城市里花20分钟找停车位，产生2400吨的二氧化碳，这造成交通堵塞不说，还增加了司机的压力水平。[23]智慧停车解决方案将有助于节省停车时间和碳排放量，从旧金山到尼斯，许多的城市利用智慧停车系统的传感器网络让司机掌握附近停车空位的信息。英特尔资助朱尼普研究公司（Juniper Research）做的一项研究表明，智慧城市每年可为城市居民节省125小时，其中从交通堵塞中节约的时间约60小时。[18]

虽然智慧城市的倡导者大力宣传智慧城市所带来的优化城市资源管理和提高效率的好处。但是值得我们注意的是，将注意力仅仅放在在提高效率上将忽视我们城市生活中那些不需要优化却能给我们带来满足的事情。而从复杂适应系统理论的角度来看，一些看似无效率的情况，却能给城市政策决定者和个体以机会去尝试更多的可能性。有时，当整个系统遇到突发情况，低效率的存在恰好能发挥缓冲作用。[24]因此，我们应该认识到优化和效率仅在一些时间、地点和场景适用，并不能成为我们评价城市运作的唯一参数或者过分强调的价值。一个完全高效的地方不一定是一个最适合居住的地方。

4.2.2 促进经济增长

城市是全球经济增长的中心和驱动力来源，今天全球80%的财富产生于城市。[25]智慧城市的一个重要的益处是其打开了一个巨大的、新兴的和未开发的市场，智慧城市将成为经济增长的数字引擎。智慧城市的建设使得城市变成承载从技术创新、产品设计到消费全过程的场所。2014年，派克研究（Pike Research）对智慧城市的研究预测，到2020年，智慧城市将是一个估值千亿美元的市场，每年智慧城市花费在主要技术的开销将近160亿美元。[26] IDC Government insights、ABI Research和Steria等市场调查和研究机构都对不同的智慧产品做了分类研究，但是它们一致认为智慧城市背后有一个巨大且多样性的市场。许多不同种类的企业都进入了智慧城市市场，既包括ICT和能源方面的企业（如IBM、西门子、微软、日立、华为、施耐德和LG等）、建筑行业的企业（如盖尔国际、韩国浦项钢铁公司、KPF建筑事务所等）及工程和电信网络方面的企业（如智慧水务、智慧照明、智慧健康、污染管理、共享汽车、环境感知、数据分析、软件开发等领域企业）。据估计，IBM的智慧城市计划已经为IBM带来30亿美元的收益，占据该公司25%的业务。[27]

智慧城市带来巨大的经济发展前景主要体现在两方面：一是建设智慧城市对城市的经济发展具有象征意义，打造智慧城市有利于培育城市形象，使城市成为技术进步和智慧增长的代表。这种形象是很重要的，因为面对21世纪全球化城市的竞争，越能营造一种适应技术创意的城市形象，越能帮助城市吸引全球资本和人才入驻，进而促进商业发展、创造工作机会和财富，使城市成为经济活动的中心。二是智慧城市的建设有助于企业和人才的孵化，从而带来新的收入来源。智慧城市可视作数字创业的孵化器、试验台或培养皿，为创业的技术公司提供真实场景以实验其技术解决方案。如果这些解决方案是成功的，初创的技术公司就可以借此吸引投资，并最终向其他城市输出该解决方案或技术。

但是，批评者提醒我们注意，智慧城市建设常将经济增长作为优先考虑的目标，这可能导致扩大现有经济和社会的不平等。因为技术企业、数字经济的投资者、高技能工作者将是经济增长后的主要经济受益群体[27]，不属于该群体的人无疑会被排斥在外。

4.2.3　提高生活质量

智慧城市被认为蕴含着巨大的潜力以提升城市的生活质量。麦肯锡全球研究所（McKinsey Global Institute）的研究表明，数字技术有助于提升一些生活质量的指标，最高可达30%。[28]该研究所另一项研究指出，智慧城市的应用能从安全、时间和便利性、健康、环境、社会连接和公众参与、工作，以及生活成本等多方面提升城市的生活质量。比如在城市安全方面，智慧技术的应用将减少自杀、车祸、火灾引起的死亡率8%～10%，减少侵害、盗窃、抢劫等犯罪率30%～40%。这将增强市民在城市里生活的安全感，提升市民在城市里自由移动的能力。这也有利于城市管理者更好地配置资源和提高反应速度。在日常出行方面，智慧移动的应用能帮助节省15%～20%的出行时间。比如：对交通信号灯进行更优化的调节，提供实时的交通信息，帮助人们更好地规划出行路线；智慧停车软件帮助人们更快找到停车位；安置于城市基础设施中的传感器提前发现故障以减少延迟时间等。在公共健康方面，智慧远程医疗系统的使用有助于减轻城市医疗系统的负担，城市还可以使用不同人群的数据，对部分群体的健康进行有针对性的提前预警等。在环境方面，利用传感器对水管进行实时监测有利于减少城市管道约25%的漏水量；对垃圾进行收费的数字跟踪系统将使每人每年减少产生30到130千克的不可循环的固废垃圾；空气质量传感器的使用有助于找出污染源并为干预行动提供证据支持。[29]以上的例子都为我们展示了智慧技术在城市里的应用将如何提高居民的生活质量，如何为居民提供一个更加安全、便捷、健康和干净的城市环境。

4.2.4　提高市民参与度

建设智慧城市的好处中最广为宣传的是其有利于促进市民参与城市的治理和管理，提升市民的满意度和对政府的信任度。智慧城市中新的技术将为市民参与赋能。社交媒体、网络讨论平台和移动应用App等为市民和政府的互动、合作提供了许多机会，有利于重塑政府和市民之间的关系。比如移动应用App将政府单方面提供服务的模式转变为协同、共同设计和共同创造的模式。[30]市民既能通过移动App参与政策制定，又能对街区和城市物理环境进行监督。最常见的此类App是允许市民一键上传城市的路面病害、路灯故障、道路积水和申请市政维护等。除此之外，在智慧城市的建设中常常将城市的非涉密数据开放给市民，通过黑客马拉松和智慧城市挑战赛的方式释放市民参与城市创新的能力（更多内容参见第11章）。但是，如何界定参与、如何达成真正有意义的参与、如何评价市民参与的效果等是需要被认真对待和回答的问题。

4.3 本章小结

本章首先介绍了智慧城市在全球范围内得以流行的背景。智慧城市被认为能解决随着城市化加快而出现的众多问题、减少碳排放量和减缓全球气候变暖的速度及在财政紧缩的情况下提供良好的公共服务。其次，本章有选择性地介绍了建设智慧城市的几大益处：优化城市资源管理和提高效率、促进经济增长、提高生活质量和提高市民参与度。这些都是智慧城市话语中常见的逻辑，但是我们需要进一步思考的是：哪些城市问题可以被技术解决？哪些城市问题不能被技术解决？大量智慧技术投入城市增加了能源消耗，这样还能达到减少碳排放量的目的吗？将城市的价值关注在优化城市资源管理和提高效率上会使得我们忽视城市生活的哪些方面？

课后探索

1. 想一想：所有的城市问题都可以被技术解决吗？有哪些重要的城市体验或活动是无法被计算的呢？

3. 优化和效率是智慧城市的一大卖点，谈一谈你如何认识“高效的陷阱”。

参考文献

[1] RITCHIE H，ROSER M. Urbanization [EB/OL].（2018-06-13）[2022-07-20]. https://ourworldindata. org/urbanization.

[2] United Nations. The world cities in 2016 [EB/OL].（2016-09-16）[2022-07-25]. https://www. un-ilibrary. org/content/books/9789210582766/read.

[3] DIRKS S，KEELING M. A vision of smarter cities：How cities can lead the way

into a prosperous and sustainable future[J]. IBM Institute for business Value, 2009,8:2.

[4] SCHNEIDER ELECTRIC. Go green in the city: Smart Cities. [EB/OL]. [2020-01-11]. http:// 2014.gogreeninthecity.com/smart-cities.html.

[5] United Nations Department of Economic and Social Affairs. World Urbanization Prospects: The 2018 revision [EB/OL].（2019-08-30）[2022-09-20]. https://www.un-ilibrary.org/content/books/9789210043144/read.

[6] TAIPALE K, Fellini C, Le Blanc D. Challenges and way forward in the urban sector[J]. Sustainable Development in the 21st Century（SD21）,2012:xiii.

[7] UN-Habitat UN, State of the world' s cities 2006/2007[EB/OL].（2006）[2022-07-08]. https://unhabitat.org/cn/node/93854.

[8] BRENNER N, Schmid C. The 'urban age' in question[J]. International journal of urban and regional research,2014,38(3):731-755.

[9] ELANDER, Ingemar, et al. Consuming Cities[M]. London: Taylor & Francis, 2000:41.

[10] United Nations Environment Programme. The weight of cities: Resource requirements of future urbanization-summary for policymakers [EB/OL].（2019-10-7）[2023-03-31]. https://wedocs. unep. org/handle/20. 500. 11822/31624.

[11] The Climate Group. Smart 2020: Enabling the low-carbon economy in the information age [EB/OL]. [2022-08-20]. https://gssd.mit.edu/search-gssd/site/smart-2020-enabling-low-carbon-economy-59816-tue-09-18-2012-1655.

[12] 我国智慧城市建设若干关键问题研究课题组. 走向智慧城市:我国智慧城市建设若干关键问题研究[M]. 北京:科学出版社,2014:32.

[13] 张飞舟,杨东凯,张驰. 智慧城市及其解决方案[M]. 北京:电子工业出版社,2015:207.

[14] YIGITCANLAR T, KAMRUZZAMAN M. Does smart city policy lead to sustainability of cities? [J]. Land use policy,2018,73:57.

[15] MOSCO V. The smart city in a digital world[M]. Bingly: Emerald Group Publishing, 2019: 231.

[16] ISMAIL N. Smart cities could lead to cost savings of $5 trillion [EB/OL]. (2017-12-05) [2022-07-05]. https://www.information-age.com/smart-cities-lead-cost-savings-5-trillion-8840/.

[17] KAMEL BOULOS M N, TSOUROS A D, HOLOPAINEN A. 'Social, innovative and smart cities are happy and resilient': insights from the WHO EURO 2014 International Healthy Cities Conference[J]. International Journal of Health Geographics, 2015, 14: 5.

[18] SAINT A. The rise and rise of the smart city [Smart Cities Urban Britain][J]. Engineering & Technology, 2014, 9(9): 72-76.

[19] TRENCHER G, KARVONEN A. Stretching "smart": Advancing health and well-being through the smart city agenda[J]. Local Environment, 2019, 24(7): 610-627.

[20] AHMED A, ALI S. Smart Cities in India: Practices, Policies, Current Status and Gaps[J]. ICIDSSD 2020, 2021: 399.

[21] ONDIVIELA J. Beyond Smart Cities[M]. Switzerland: Springer International Publishing, 2021: 142-145.

[22] HALEGOUA G. Smart cities[M]. Cambridge, Massachusetts: MIT press, 2020: 43.

[23] BIEISA A. The Smart City Project in Santander [EB/OL]. (2013-03-01) [2023-08-07]. https://www.fierceelectronics.com/components/smart-city-project-santander.

[24] MITLETON-KELLY E. Ten principles of complexity and enabling infrastructures[J]. Complex systems and evolutionary perspectives on organisations: The application of complexity theory to organisations, 2003, 1: 23-50.

[25] KARIUKI R M, BAKALIAN A E, LALL S, et al. Harnessing urbanization to end poverty and boost prosperity in Africa: an action agenda for transformation [J]. The World Bank, 2013.

[26] ZANELLA A, BUI N, CASTELLANI A, et al. Internet of things for smart cities [J]. IEEE Internet of Things journal, 2014, 1(1): 22-32.

[27] HOLLANDS R G. Critical interventions into the corporate smart city [J]. Cambridge journal of regions, economy and society, 2015, 8(1): 61-77.

[28] WOETZEL J, RAJADHYAKSHA V, FREM J. Thriving amid turbulence: Imagining the cities of the future[J]. Capital Projects & Infrastructure, Public Sector. McKinsey & Company, 2018: 16.

[29] BUGHIN J, MANYIKA J, WOETZEL J. Smart Cities: digital solutions for a more livable future[J]. McKinsey Global Institute, 2018: 1-137.

[30] EGGERS W D, Jaffe J. Gov on the Go: Boosting Public Sector Productivity by Going Mobile[J]. Deloitte Development LLC, 2013.

第5章 智慧城市的发展历程和建设模式

自2008年IBM提出“更智慧的星球”计划以来，智慧城市已经在全球范围内被广泛讨论和实践了10余载。回望过去十多年的智慧城市发展的历程，我们从智慧城市文献中常常可以看到许多有关智慧城市发展模式的表述，如自上而下的智慧城市、自下而上的智慧城市、智慧城市1.0、智慧城市2.0、智慧城市3.0、技术推动的智慧城市、需求拉动的智慧城市、城市主导与技术赋能的智慧城市、从零开始建设的智慧城市、改造型的智慧城市，以及社会型的智慧城市等。如果从进化的角度来思考，这些看似不同的智慧城市建设模式的表述可以被归为智慧城市发展历程的2～3个“阶段”（phases）或者“代”（generation）。首先，本章将介绍智慧城市发展历程的二分法和三分法。其次，本章将逐一介绍智慧城市1.0、智慧城市2.0、智慧城市3.0阶段中的智慧城市建设模式，以及每种模式潜在的问题。

5.1 智慧城市的发展历程

在过去十多年里，智慧城市的发展经历了几次变化，每一次变化里都有不同的智慧城市建设模式。通过回顾总结，有的学者对智慧城市的发展历程采取三分法。持有这种分法的学者霍（Hoe）将智慧城市的发展分为三个阶段，这三个阶段分别代表三种智慧城市的建设模式：“技术主导”“城市主导与技术赋能”“市民共创”。[1]霍（Hoe）提倡的三分法与科恩（Cohen）的三分法非常类似，后者将智慧城市发展阶段分为智慧城市1.0、智慧城市2.0、智慧城市3.0。“智慧城市1.0”类似于霍（Hoe）的“技术主导”的智慧城市。“智慧城市2.0”类似于霍（Hoe）的“城市主导与技术赋能”的智慧城市，即政府在一些领域明确提出智慧城市推动计划，用技术的方式来实现。“智慧城市3.0”类似于霍（Hoe）的“市民共创”的智慧城市。[2]学者杰曼·R.哈里古亚（Germaine R. Halegoua）也总结出了三种智慧城市的发展模式：从零开始建设的智慧城市、改造型的智慧城市及社会型的智慧城市。[3]哈里古亚提出的前两种模式都是企业主导的智慧城市建设模式，因此它们的内涵类似于“技术主导”或者“智慧城市1.0”，而社会型的智慧城市的内涵类似于“市民共创”或者“智慧城市3.0”。

另外，有学者对智慧城市发展历程采取两分法。安吉里杜（Angelidou）将智慧城市的发展阶段分为“技术推动”的智慧城市与“需求拉动”的智慧城市。[4]“技术推动”的智慧城市类似于霍（Hoe）的“技术主导”的智慧城市和科恩（Cohen）的“智慧城市1.0”。而“需求拉动”的智慧城市则类似于霍（Hoe）的“城市主导与技术赋能”和“市民共创”的智慧城市，或者科恩（Cohen）的“智慧城市2.0”与“智慧城市3.0”。值得注意的是，学者特轮奇尔（Trencher）也采取了两分法，他重新定义了“智慧城市1.0”和“智慧城市2.0”，[5]他的“智慧城市1.0”与“智慧城市2.0”与安吉里杜（Angelidou）的“技术推动”与“需求拉动”的分类所各自代表的内涵十分相似。

对智慧城市发展历程的划分采取二分法还是三分法是一个如何归类的问题。“智慧城市1.0”的内涵在智慧城市文献中有较高共识，指的是在智慧城市发展早期以技术和效率为中心，以企业为主导、自上而下、技术推动的智慧城市建设的模式。从零开始建设的智慧城市和改造型的智慧城市都属于这种类型的范畴。比较有差异的是“智慧城市2.0”和“智慧城市3.0”的内涵问题。二分法提倡者认为以人和社会为中心、以需求为导向、政府和市民共同创造智慧城市解决方案的社会型智慧城市统称为“智慧城市2.0”。而三分法提倡者将二分法提倡者认为的“智慧城市2.0”中的内容进行细分，认为以需求为导向、技术赋能的建设智慧城市的模式为“智慧城市2.0”，而强调市民共创的智慧城市建设模式为“智慧城市3.0”。笔者出于对智慧城市现象进行更详尽介绍的目的，选取三分法，并把每一阶段的智慧城市建设模式用“智慧城市1.0”“智慧城市2.0”和“智慧城市3.0”来代指。

5.2 智慧城市1.0

早期的智慧城市建设主要由跨国技术企业以自上而下的方式推动。其具体表现为技术企业以卖方和供应商的身份为城市提供智慧城市解决方案和服务，以达到扩散技术的目的，此过程中有过度关心经济利益的特征。技术企业普遍喜欢从零开始建设的智慧城市建设模式，因为这种模式虽然造价较高，但是阻力小，还可以彰显智慧城市对于提高生活质量的巨大潜力。除此之外，该类别中还有一种建设模式是技术企业与城市合作，利用数字技术与数据对现有城市进行改造，常常体现在技术企业向城市贩卖“一刀切的盒中之城”（one size fits all smart city in a box）解决方案。

5.2.1 从零开始建设的智慧城市

“从零开始建设的智慧城市”里的“从零”是由英文的“from scratch”翻译而来，也就是规划家常称的“城市未开发区”（greenfield）。从零开始建设的智慧城市指的是那些在城市未开发区建设并且在规划的过程中就融合了数字基础设施和数据分析的相关内容的智慧城市。这些智慧城市项目，小到能容纳5万人口的马斯达尔城（Masdar City），大到能容纳250万人口的松岛（Songdo）。从零开始建设的智慧城市是早期智慧城市发展的典型模式，这些完全新建的智慧城市通常是大城市的一个商业区或者组成部分，如加拿大的“人行道多伦多”项目建设在多伦多市的滨水地块之上。完全新建的智慧城市还可以被设立为自由经济区或者建在自由经济区内，如韩国的智慧城市松岛就是仁川自由经济区（Incheon Free Economic Zone，简称“IFEZ”）的一部分。设立在自由经济贸易区之内是因为该区域能为智慧城市建设提供财政和税收的优惠政策、便宜的土地和相对宽松的管理环境，有利于吸引跨国技术公司入驻或参与智慧城市建设。

从零开始建设的智慧城市通常采用公私合作的模式，即本地政府与跨国技术企业，如与IBM、思科、三星、英特尔、微软、通用电气、西门子、飞利浦、日立和其他技术产业巨头合作开发智慧城市。城市中被开发的土地对智慧城市技术巨头来说像“白板”（clean slate）一样，有助于快速推进智慧城市建设进程。由于这些土地不受已有建筑条件的限制，也较少受到传统城市问题（如居住权、产权、劳动力和不平等）的限制，因此，给予开发者以极大的自由度去实验其想法和试验技术系统。技术公司认为在从零开始建设的智慧城市中试验成功的智慧城市解决方案和技术将具有普适性且不受使用地规模的限制，只要建设一次就可以到全球其他城市进行多次复制。这将使技术公司的产品具有极大的迁移性。其逻辑是在A地试验成功的智慧城市解决方案或产品将轻松地运用到B地、C地、D地……当前，一些技术公司遵照这种逻辑实现了智慧产品的迁移性，如思科将其对松岛的总体规划输出到了厄瓜多尔的瓜亚基尔。

知识框　韩国松岛（Songdo）智慧城市

全球范围内比较著名的从零开始建设的智慧城市是韩国在仁川填海而

造的智慧新城——松岛（Songdo）、阿拉伯联合酋长国在首都阿布扎布沙漠地区新建的马斯达尔城（Masdar City），以及葡萄牙在北部佩雷德斯外建设的普兰尼特谷（PlanIT Valley）。这里我们主要介绍在智慧城市文献中最常被讨论的松岛。

松岛也被称为“松岛国际商务区”（Songdo International Business District，简称“SIBD”）。它位于首尔西南方65千米的地方，占地54.45平方千米的面积几乎都是从附近黄海贫瘠的泥滩中填海造陆而来。松岛是IFEZ的一部分。该自由经济区是1997年金融危机之后，韩国政府为了吸引外资建立的第一个自由经济区，包括青罗、永宗岛和松岛三部分。松岛作为IFEZ的一部分，通过桥与韩国本土相连，又靠近IFEZ国际机场。这使得松岛能享受税收减免、方便的物流和娱乐设施等便利条件。

1999年，仁川城市规划团队联系了总部位于纽约的大型商业房地产商盖尔国际（Gale International）一起开发松岛。随后盖尔国际与韩国的浦项钢铁工程建设有限公司合作启动松岛国际商务区计划，这时的松岛以绿色和可持续发展为理念。而到了2006年，松岛希望打造世界上第一个u-city。

2009年，盖尔国际选择思科为松岛提供智慧设施和服务。思科和IBM一样都提供咨询服务业务。2009年，思科展开了“智慧+连接”的社区（smart+connected communities）项目，利用网络平台将物理社区转变为网络上相连的社区，促进经济、社会和环境的可持续发展。思科主要提供管理咨询服务，而相关的实施则由思科的合作公司完成。思科想象的松岛的未来城市是一个完全能被感知的城市环境，人的反应、眼睛和肢体语言都能被记录和回应，以提高顾客效率和满意度。例如松岛采用气动废物处理系统，城市中每个建筑都连接地下管道系统，能够将居民家的垃圾通过管道吸至处理中心，在地下管道内完成处理及回收。因此，整个街道很难看到垃圾桶的存在。松岛拥有数以百计的LEED（能源与环境设计认证，leadelship in enecgy and envinomental design）建筑，占韩国绿色认证建筑的40%。松岛还在城市里植入了很多传感器和远程呈现（telepresence）技术，用来收集城市的交通流量和能源使用等数据。

从零开始建设的智慧城市面临着许多的问题。首先是入驻意愿低的问题。从零开始建设的智慧城市虽然标榜着高效率，但是由于文化活力不足，通常很难在短时间积聚人气。例如，松岛建造之初预计能吸引30万人入住，而今只有7万人入住，被外界戏称为“鬼城”。在韩国松岛的案例中，其较难吸引居民来居住的主要原因是其高昂的生活费。对普通民众来说，松岛只是靠近机场、拥有大型花园的富人聚集地。又如在阿拉伯联合酋长国首都阿布扎布沙漠地区新建的马斯达尔城，马斯达尔城原本设计容纳4万～5万人，而现在只有几百名居民，其中大部分是马斯达尔技术学院的学生。除了较难吸引居民以外，从零开始建设的智慧城市也较难吸引人才和企业，许多跨国企业对于在从零开始建设的智慧城市设立总部都保持观望态度。由于吸引不到人才和企业，从零开始建设的智慧城市变成创新经济中心的愿望也将落空。除此之外，在从零开始建设的智慧城市里，城中的弱势群体和低收入群体常常被排斥在外。例如在马斯达尔城里一间65平方米的一居室公寓的租金至少是1250欧元（1欧元≈7.8038人民币）一个月，而大多数阿布扎比的居民（包括外籍劳工）一个月的平均工资是220欧元。显然，大多数普通民众和低收入群体无法享受马斯达尔城的智慧设施。而在印度，从零开始建设的智慧城市为了征用土地建设智慧新城，导致大量原住民流离失所。据路透社的一篇新闻报道，印度平均每小时就有6间房因建设智慧城市而被夷为平地，30人因建设智慧城市而被迫搬迁。[6]关于这一点我们将在第10章进一步探讨。

5.2.2 改造型的智慧城市

除了从零开始建设的智慧城市以外，智慧城市1.0中更为常见的是用数字技术对已有城市进行改造，这种做法也叫“改造型的智慧城市”。改造型的智慧城市通常以碎片化的方式使用ICT，围绕着某一具体的、较小的领域（如交通、公共安全、空气质量）进行智慧城市开发。在全球范围内，预算较少的北美的城市更倾向于使用这种模式进行智慧城市建设。[3]

技术公司通常向预算较少的城市推荐预先包装好的像产品一般的“盒中之城”（smart city in a box）解决方案。具有代表性的例子是在第3章提到的IBM在里约热内卢开发的“智能运营中心”。IBM为“智能运营中心”设计了公共安全、水务和交通等模块。作为“盒中之城”解决方案，IBM可以将其进行拆分和打包卖给任何有需要的城市，而政府也可以按需选择、混搭所需要的技术与服务。又如新加坡的盛邦裕廊（Surbana Jurongy）与微软合作打造面向亚洲太平洋地区的“盒中之城”解决方案。盛邦裕廊的“盒中之城”智慧城市解决方案包括安全、效率、可持续和社区四大板块，并将这些解决方案上传至微软的Azure云计算服务系统，供客户城市从中任意选择自己需要的解决方案。[7]

值得我们思考的是，在改造型的智慧城市建设模式里，技术企业给出的智慧城市解决方案常常是普世的、现成的（off the shelf）、模板化的、一刀切（one size fits all）的“盒中之城”解决方案。从技术企业的角度不难理解这种做法，因为只有智慧城市解决方案和服务在一个城市获得成功，并能成功复制到其他城市才能为企业带来利润。这导致技术企业倾向于将城市面临的问题都看作是类似的[8]，这样技术企业设计的智慧电网、智慧系统等解决方案能够被迁移到任何地方使用。然而，这种“盒中之城”解决方案的缺陷在于，其容易忽视所建设智慧城市所在地的人、文化及地域特点。

除此之外，改造型的智慧城市存在的另一问题是碎片化建设问题。改造型的智慧城市通常在较小的地域内，用不同的开发计划和时间表与企业合作开发，零星地选用“盒中之城”的部分产品/服务，缺乏总体规划。有时候，企业倾向于推出一些见效快的小项目，如联网垃圾桶、水务监测、数字照明系统等，帮助城市快速树立技术进步形象的同时也为企业的后续开发提供动力。但是，这些零散的、小规模的智慧城市开发常常导致各类智慧产品和服务之间没有集成，各个系统的数据也未整合到城市管理的系统中去，有时甚至会出现把零碎的智能技术整合到已有城市里，出现与已有城市的治理体系和社会关系不兼容的情况。

5.2.3　对智慧城市1.0的批判

除了上文提到的从零开始建设的智慧城市和改造型的智慧城市中存在的问题以外，智慧城市1.0引起了学界的反思和批判浪潮，其中尤为值得关注的是批判社会学家的视角。这一节将着重介绍对智慧城市1.0的几种主要批判。

一是对智慧城市1.0背后隐含的新自由主义和城市企业主义逻辑的批判。罗伯特·霍兰德（Robert Hollands）、罗布·基钦（Rob Kitchin）等西方学者指出，技术企业主导的智慧城市1.0建设模式背后的新自由主义逻辑：IBM、思科、微软、英特尔、西门子、甲骨文等公司大力促进城市和国家购买其智慧城市的技术产品与服务，在此过程中寻求更加有效的资本积累和公共服务私有化，这将促使城市空间的私人治理，加剧城市的士绅化和城市贫富差距等问题。除此之外，当一个城市长时间选择一个技术平台和提供商时，也会导致技术锁定（technology lock-in）和垄断，其危险在于一旦形成对技术公司的路径依赖，这种依赖就很难被轻易解除。

二是对智慧城市1.0的技术官僚主义逻辑的批判。技术官僚主义者认为城市的方方面面都可以被量化和监控，倡导由大数据、物联网、云计算等技术组合成的智慧城市技术的运用能解决所有城市问题。技术官僚主义者的这种思维建立在这样一种猜想之上，即城市的运行是可知的，并且由一系列参数组成，只要我们测量这些参数，就能做出预测并产生回应。但是，技术官僚主义者的这种思维很容易陷入“技术障目循环”[9]“解决主义”[10]和“工具理性”[11]的漩涡。还有学者指出，技术官僚主义有一种简化主义的倾向，试图通过技术来简化和理顺城市日常生活的凌乱性、动态性和不确定性。他们或许能通过技术手段更有效地应对现有问题，但是不深入分析文化、政策、治理、资本等因素是无法找出所面临问题背后更深入的结构性问题的。

三是对智慧城市1.0重技术应用轻社会问题的批判。诚然技术确实能为我们带来社会和环境的益处，但是智慧城市1.0模式有过度关注新技术的应用、较少考虑社会问题的倾向。[12]这种智慧城市建设模式一开始就从技术出发，寻找新技术的应用场景，而非从城市和社会问题本身出发。这就导致这一阶段的智慧城市常常表现在拿着技术解决方案寻找能被该技术解决的问题。正如弗雷尔森（Frearson）指出，这是一种先贩卖解决方案，后寻找问题的思维模式。[13]

四是对智慧城市1.0中缺乏市民参与的批判。2011—2014年，越来越多的智慧城市文献都指出，智慧城市1.0发展模式中较少考虑市民的主观能动性，市民在整个过程中扮演着被动的角色。[14]比如在从零开始建设的智慧城市中，市民对智慧城市建设的方案、技术、实施都没有话语权，同时也被排斥在各类智慧城市的探讨和会议之外。市民常常被描述成数据的产出者、生活方式和技术产品的消费者，甚至是城市问题的制造者。这导致市民对自己的社区和城市应该选择怎样的技术和服务有较少的话语权。

5.3 智慧城市2.0

智慧城市2.0阶段的智慧城市建设模式是“城市主导与技术赋能”。随着政府对技术潜能认知的提升，市政管理者越来越多地根据自己所在城市的需求指出在哪些领域更适合用技术或创新予以改变和提升。智慧城市2.0的建设模式显然是吸收了之前对智慧城市1.0的部分批判，因此其将解决社会面临的挑战和增加人民的福祉、提供更好的公共服务当作是智慧城市建设的主要的目的，而技术只是一种实现这些目的工具。

因此，这一阶段的智慧城市建设表现为由市政主导一系列智慧城市项目，将技术运用于提高公共服务质量和解决交通、医疗和生态等问题。比如里约热内卢的市长为避免突发山体滑坡对市民人身财产安全带来的威胁，联系IBM开发出一套天气监控系统。这一系统后来又添加了犯罪和交通事故的应急功能。[15]又如俄罗斯圣彼得堡的智慧城市计划中强调用最先进的科学和技术解决交通、安全、能源等问题，其中专门强调在运用技术手段之前需要了解城市系统的需求，进行有针对性的智慧城市建设。[16]

但是，智慧城市2.0在用技术提供更好的公共服务的时候还是使用一种自上而下的推行方式。作为城市一部分的市民只有很少一部分人能参与智慧城市建设，他们的参与感和获得感都较低。

5.4 智慧城市3.0

智慧城市3.0，也可以称作“社会型的智慧城市”。社会型城市（social city）这一概念是由研究人员迈克尔·兰格（Michiel de Lange）和马丁·瓦尔（Martin de Waal）提出来的，代指那些用技术去合作性地解决共有性问题的城市。[17]智慧城市3.0被描述为一种分散式的、以人为中心的，使用技术解决具体的社会问题并回应居民的需求、促进居民参与的智慧城市建设模式。在技术的应用上，这类智慧城市模式避免使用自上而下和“一刀切的盒中之城”的模板化智慧城市技术解决方案，而是与不同的主体合作，找出本地的具体需求，通过分析和大量的咨询找出最适合解决本地问题的技术手段。

智慧城市3.0建设模式并不只关心效率这一价值，还关心社会凝聚力、市民之间的交流和体验，并十分推崇与市民合作建设智慧城市。因此，市民在这种智慧城市建设模式中的角色不再是被动的数据产生者或智慧城市产品（服务）的消费者，而是更加积极地参与智慧城市建设、通过数据赋能变成智慧城市的生产者，成为政府的创新伙伴。[18]这种模式认为创新的行为不仅仅是中心化的、传统的政府—企业—科研机构的三螺旋结构，还应该包括市民在内的政府—企业—科研机构—市民的四螺旋结构。这一新模式认为公共服务可以用共创的方式提供，市民作为公共服务的末端使用者也可以积极参与生产过程的各个环节。[19]

为了更好地促进市民参与和建立共创的解决方案，采取这一模式的许多城市建设都设有数据开放项目和门户网站，市民可以访问和下载相关城市数据进行应用程序开发。为了鼓励市民以自己的方式使用开放数据进行开发和创新创业，许多城市通过举办黑客马拉松（hackathons）的方式将各利益相关者聚集在一起，协作解决某一个具体的城市或社区的问题。[20]但是，值得我们注意的是，黑客马拉松涉及的市民仅仅是一部分有较高技术素养的市民，而非全部的市民。因此除了开设增强市民技术素养的教育和培训项目以外，还需要进一步探索其他市民的参与方式。关于这一点，我们将在第11章进一步展开。

总的来说，智慧城市3.0展现出一种极好的智慧城市建设理想，但是让市民真正且有效地参与智慧城市建设是非常困难的。但是，无论如何，一个成功的智慧城市项目必须解决这一难题。

5.5 本章小结

本章介绍了智慧城市发展的三个阶段，以及每一个阶段的代表性智慧城市建设模式。其中，智慧城市1.0阶段是最常被探讨和批判的，本章用了大量笔墨介绍这一阶段中从零开始建设的智慧城市建设模式和改造型的智慧城市建设模式，以及这一阶段智慧城市建设所面临的问题。智慧城市1.0到智慧城市3.0的发展反映了一种从关注技术与效率的价值取向到关注人和社会的价值取向的转向、从关心技术驱动到关心需求拉动的转向。

值得注意的是，在选择智慧城市的建设模式上，一些城市一直停留在一种单一的模式上，如新加坡的智慧城市建设一直选择智慧城市2.0的模式；而另外一些城市则走过了智慧城市1.0到智慧城市3.0的历程，如堪萨斯城（Kansas City）在智慧城市的建设早期与谷歌合作铺设光纤网络（智慧城市1.0），中期着重探索政府如何利用千兆网络提供更好的服务（智慧城市2.0），后期更多地考虑如何与市民共创数字基础设施，以及促进本地企业生态圈的形成（智慧城市3.0）。

课后探索

1. 智慧城市的不同发展阶段分别指的是什么？
2. 从智慧城市1.0的建设模式和批判中，你能获得哪些启示？

参考文献

[1] HOE S L. Defining a smart nation: The case of Singapore[J]. Journal of information, Communication and Ethics in Society, 2016, 14(4): 324.

[2] COHEN B. The 3 generations of Smart Cities [EB/OL].（2015-10-08）[2022-08-05]. https://www.fastcompany.com/3047795/the-3-generations-of-smart-cities.
[3] HALEGOUA G. Smart cities[M]. Cambridge，Massachusetts：MIT press，2020.
[4] ANGELIDOU M. Smart cities：A conjuncture of four forces[J]. Cities，2015，47：95-106.
[5] TRENCHER G. Towards the smart city 2. 0：Empirical evidence of using smartness as a tool for tackling social challenges[J]. Technological Forecasting and Social Change，2019，142：117-128.
[6] CHANDRAN R. India evicting 30 people an hour as cities modernise-activists [EB/OL].（2018-02-23）[2022-08-12]. https://www.reuters.com/article/india-landrights-evictions-idINL8N1QD2BU.
[7] Microsoft. Smart city in a box（infographic）[EB/OL].（2016-11-29）[2022-08-11].https://www.eeworldonline.com/smart-city-in-a-box-infographic/.
[8] MEIJER A，BOLIVAR MPR. Governing the smart city：a review of the literature on smart urban governance[J]. International Review of Administrative Sciences，2016，82(2)：392-408.
[9] 本・格林. 足够智慧的城市：恰当技术与城市未来 [M]. 李丽梅，译. 上海：上海交通大学出版社，2020：1-18.
[10] MOROZOV E. To save everything，click here：technology，solutionism，and the urge to fix problems that don't exist[M]. London：Allen Lane，2013：1-17.
[11] MATTERN S. How do we interface with smart cities? [EB/OL].（2014-04-01）[2022-09-10]. https://placesjournal.org/article/interfacing-urban-intelligence/.
[12] GLASMEIER A K，NEBIOLO M. Thinking about smart cities：The travels of a policy idea that promises a great deal，but so far has delivered modest results [J]. Sustainability，2016，8(11)：1122.
[13] FREARSON A. 'Smart technology is a solution looking for a problem，' says Rotterdam Biennale curator[J]. Dezeen，2016，(4)：27.
[14] GUPTA P，CHAUHAN S，JAISWAL M P. Classification of smart city research-a descriptive literature review and future research agenda[J]. Information

Systems Frontiers, 2019, 21(3): 661-685.

[15] VISHNIVETSKAYA A, ALEXANDROVA E. "Smart city" concept. Implementation practice [EB/OL]. (2019-04-03) [2022-07-29]. https://iopscience.iop.org/article/10.1088/1757-899X/497/1/012019/pdf.

[16] GERASKINA I, KOPYRIN A. "Smart City" concept in the urban economy digitalization system of St. Petersburg[C]//E3S Web of Conferences. EDP Sciences, 2021, 281: 08006.

[17] DE LANGE M, DE WAAL M. Owning the city: New media and citizen engagement in urban design[M]//Urban land use. Oakville: Apple Academic Press, 2017: 109-130.

[18] COWLEY R, JOSS S, DAYOT Y. The smart city and its publics: insights from across six UK cities[J]. Urban Research & Practice, 2018, 11(1): 53-77.

[19] VOORBERG W H, BEKKERS V J J M, TUMMERS L G. A systematic review of co-creation and co-production: Embarking on the social innovation journey [J]. Public management review, 2015, 17(9): 1333-1357.

[20] BACCARNE B, MECHANT P, SCHUURMAN D, et al. Urban socio-technical innovations with and by citizens[J]. Interdisciplinary Studies Journal, 2014, 3(4): 143-156.

第二部分　技术篇

"数据之于21世纪，就如同石油之于18世纪。"

——约里斯·图德斯

"我们在生存中失掉的生活在哪里？
我们在知识中失掉的智慧在哪里？
我们在资讯中失掉的知识在哪里？"

——T.S 艾略特《岩石》

第6章　智慧城市与技术

智慧城市建设涉及非常多的技术和专业名词，这些名词对于非技术专业的读者来说很难理解。本章作为智慧城市技术部分的开篇，将以简洁的方式帮助读者就智慧城市相关技术建立起一种宏观的认识。承接第5章智慧城市发展的三个阶段，本章将首先介绍把技术运用于智慧城市建设的三种不同思维方式，其次将介绍智慧城市的四层技术构架。我们常听见的物联网、云计算、大数据、各种有线和无线高速网络、无人驾驶等都能在智慧城市的技术架构里找到相应的位置。由于物联网和大数据将分别在第7章和第8章讲到，本章仅就5G和云计算的相关内容稍作展开。

6.1　将技术运用于智慧城市的不同思维方式

在介绍智慧城市建设运用的具体技术之前，我们有必要先厘清将技术运用到城市的几种思维方式。杰曼 · R.哈里古亚（Germaine R. Halegoua）总结了三种将技术运用到智慧城市建设的思维方式[1]，细心的读者或许能发现，这三种思维方式和上一章介绍的智慧城市1.0、智慧城市2.0和智慧城市3.0阶段的智慧城市建设模式能形成一一对应的关系。

第一种是“一揽子”（blanket approach）的思维方式，即用传感器和各种监控设备把城市从头到脚地“武装”起来。所有的人和物都与高速信息网络系统相连，并产生大量数据。这种思维方式的主要推行者是智慧城市的技术供应商和智慧城市咨询机构。在智慧城市1.0阶段，大多数从零开始建设的智慧城市采用这种建设思维方式。

第二种是有针对性地使用技术的思维方式。这种思维方式对技术的使用更加温和且通常有更具体的目标。比较有代表性的例子是奥地利的维也纳智慧城市建设项目。该智慧城市项目有明确的建设目标，即用智慧技术提升资源的保护和创建高品质、更加公平的社会生活。[2]因此，维也纳智慧城市的技术运用更多的是将技术用在资源的可持续发展、促进再生能源的发展、应对全球气候变化、减少碳排放量和能源消耗等方面。在智慧城市2.0阶段，许多“城市主导和技术赋能”的智慧城市常采取这种技术思维方式。

第三种是以人为本地使用技术的思维方式。这种思维方式关注社区和市民在智慧城市技术设计中的作用。比较有代表性的是社区规划（Community PlanIt）项目。该项目用游戏的方式促进市民参与城市规划和审议过程中的讨论，并将市民的意见汇聚成数据集，以可视化的方式呈现出来。[3]智慧城市3.0阶段的建设模式多采取这种建设思维方式。

6.2　智慧城市的技术构架

从技术的角度来看，智慧城市的技术架构包括技术、装置、服务和行动者。将它们连接和整合起来有不同的方法。有的学者认为智慧城市的技术构架包括三个层次：（1）感知层（perception layer），从不同数据源（如摄像头、传感器）采集数据；（2）网络层（network layer），将感知层获得的数据传输至数据中心；（3）应用层（application layer），拥有能分析和处理大量存储在数据中心的数据的应用[4]。有的学者认为，支持智慧城市服务和应用的基石有三个：首先是拥有大面积传感器的城市基础设施，其次是与基础层面相匹配的高速网络基础设施，最后是管理大量数据的平台。[5]还有的学者认为，智慧城市的技术架构包括自下而上的四层：传感层（sensor layer）、网络层（network layer）、平台层（platform layer）和应用层（application layer）[6]（如图6-1）。这些方法大同小异，笔者选取智慧城市的四层技术构架进行介绍。

图6-1　智慧城市的四层技术构架

6.2.1　传感层

对于大多数来说，相对于“不可见”的网络层和平台层，肉眼可见的传感层和应用层容易被理解。传感层是智慧城市技术体系的基础，主要功能是为智慧城市的应用和服务收集信息。传感层包括无线传感器，如射频标签（RFID tags）、射频读写器（RFID readers）、摄影头、GPS、二维码、传感器、遥测遥感等（有关传感器和RFID的内容请参见第7章的知识框）。由传感器、数据处理单元、通信模块和电源组成的传感器节点通常会组成无线传感网络（wireless sensor network，简称“WSN”）。[7]

6.2.2　网络层

网络层是智慧城市信息交换和传送的通道，是智慧城市的基石。智慧城市的网络层包括电信网、互联网、广播电视网、电力通信网和私人网络等。许多城市十分重视网络层的建设，因为无论多好的数据和应用，如果没有好的网络层，这些数据和应用的潜力将无法发挥出来。因此，世界上许多国家和地区都在大力推进千兆网和5G网络的建设。

知识框6.1 5G与智慧城市

移动通信从1G到4G实现了人与人的远距离移动通信，但是没有考虑到人与物、物与物的通信。2012年年初，国际电信联盟的无线电通信部门（ITU-R）启动了名为“2020年及以后的国际移动通信”的项目，认为在不久的将来，我们需要新一代移动通信网络来支持海量的数据传输、更可靠的设备连接和低延时的处理数据。由此，全世界范围内展开了对5G的研究。[8]2015年6月，国际电信联盟公布了5G愿景，对5G的功能给出明确指标，包括峰值速率、频谱速率、移动性、时延、连接数密度、用户体验速率、流量密度等。与之前的1G到4G相比，5G具有革命性的功能。1G实现了从0到1的突破，随后的2G到4G只是对之前的延续。我们看到手机从笨重的“大哥大”发展到轻便的智能手机；从只能语音通话到传送短信，再到能浏览图片、看视频，这些演进都是在手机这一种终端上进行功能的丰富，并没有从根本上脱离任何人在任何时间、任何地点与任何一个人实现任何一种媒体通信的基本信条。而5G将突破人与人的通信模式，开始走向人与物、物与物的通信。5G将进一步拓宽通信的范畴。

5G被认为能赋能智慧城市的建设。《5G赋能智慧城市白皮书》中指出，以5G为基础的泛在传感网络将是智慧城市建设的基石，其能促进万物智联，人、物、机的相互融合发展。IMT-2000（5G）推进组安全工作组发布的《5G智慧城市安全需求与架构白皮书》中列出了5G智慧城市的六大特征：泛在感知、高效传输、充分融合、协同运作、智能决策和精准防控。[9]具体来说，5G赋能智慧城市体现在两方面：（1）5G为智慧城市提供高速实时的数据传送。5G的高可靠、低时延、大带宽等特性能满足智慧城市多场景对网络差异化的需求，这也是5G相比于之前的移动通信技术的优越之处。（2）5G是一种通用技术，其与人工智能、云计算、大数据相结合，不仅能在更大范围、更深层面重塑城市生产、生活及治理等各方面，更有助于释放智慧城市各垂直行业的巨大潜能。

6.2.3 平台层

平台层主管智慧城市的信息处理和控制，它管理网络层，并对数据进行处理、协调、管理、储存和控制。一些信息可以通过智能终端设备（比如手机）进行处理，而大数据则可以通过云计算平台进行处理。平台层有许多功能，例如，协调、管理、计算、存储、挖掘、分析，以及提供公共服务等。平台层通常包括服务支持平台、网络管理平台、信息处理平台和信息安全平台等。

知识框6.2 云计算与环保问题

云计算（cloud computing）中的“云”这个词来源于网络工程师设计电信系统的示意图。在示意图中，节点（node）和交换点（switching point）都用类似于云的符号表示。后来，云计算表示使用远程计算机网络来存储、处理和分发数据、应用程序和软件的计算模式。在今天智慧城市建设中，随着存储和处理数据的需求增加，越来越多的组织将数据转移到远程数据中心。[10]使用云计算的好处在于IT管理的成本降低、可随时随地存取、用多少付多少（pay-as-you-go）、数据共享便捷且对客户端的需求低等。[11]但是，将大量的数据远程存储在数据中心是否存在安全隐患呢？近年来，关于区块链技术和量子计算的研究似乎有助于解决一部分这方面的安全问题。另外，由于网络不稳定、高延迟、低带宽的问题，云计算的服务不可避免地会受到影响。针对云计算的以上不足，近年来在靠近数据或用户的地方提供计算、存储和网络带宽的边缘计算成为技术巨头争相投资的新热点。

数据中心的建设和使用伴随着环境成本的增加。比如数据中心的建设需要占用大量的土地，数据中心的运转需要大量的冷却水和空调来避免服务器过热，数据中心还会增加电子垃圾的数量和产生噪声污染。此外，受到学者批评的一点是数据中心对电力的消耗和碳足迹问题。数据中心的数据处理、使用空调给服务器降温和维护设备都需要消耗大量的电力，而我们今天的电力结构仍然十分依赖化石燃料（煤炭），例如脸书（Facebook）公司在美国俄勒冈州的数据中心主要依靠火力发电维持数据中心运转。从这个角度来说，云计算可能会加剧气候变化。绿色和平组织（Green Peace）表示，2002年至2020年，由数据中心产生的二氧化碳排放量每年增加7%。[12]

2018数据显示，全球数据中心排放了大约与航空业相当的二氧化碳量，而这一数据还在攀升[13]。

谷歌、亚马逊、脸书等公司纷纷提出建设碳中和数据中心，大力投资清洁能源。有人建议将数据中心搬迁至北欧国家（冰岛、瑞典），那里寒冷的气候可为数据中心提供了免费的降温方式。[14]《科学》（*Science*）刊登了5名科学家的研究表明，2010年至2018年，全球数据中心在计算产出增加了6倍的同时，能源消耗只增加了6%，因此，有学者认为数据中心会消耗大量能源和产生大量碳足迹的说法过于夸张。无论如何，如何平衡利润和可持续发展之间的矛盾是我们不得不面对的问题。

6.2.4 应用层

应用层由一系列解决方案组成。这些解决方案是基于传感层收集到的大量实时数据、网络层和平台层的支持基础之上，构建的基于行业或领域的智慧应用整合和新的服务应用。比如智慧治理、智慧交通、智慧医疗、智慧能源、智慧农业、智慧制造和智慧社区等。

6.3 本章小结

本章虽然篇幅较短，但能帮助读者简单快捷、体系化地认识智慧城市的技术构架，了解将各种技术运用于智慧城市采用的不同思维方式和掌握每一种技术在智慧城市整体技术架构中处于何种位置。本章还就云计算与环保问题进行展开。智慧城市的发展对云计算的依赖日益增强，增加了对数据中心设施建设的需求。人们有理由担心智慧城市的发展反而会增加碳排放量。而这将与智慧城市建设的初衷（减少碳排放量、缓解全球气候变化）背道而驰。本章为这个方向的讨论开了一个头，如何推动可持续发展的智慧城市是我们在接下来的智慧城市建设中不得不严肃探讨的问题。

课后探索

1. 根据本章所学内容想一想，无人驾驶、LoRa技术分别属于智慧城市技术架构的哪一层？

2. 试探索你所在城市的智慧城市项目的技术使用思维。其技术架构又是如何的？

3. 请查阅资料了解全球物联网设备的碳排放量，并试着为可持续发展的智慧城市建设提出几点建议。

参考文献

[1] HALEGOUA G. Smart cities[M]. Cambridge，Massachusetts：MIT press，2020：43.

[2] ROBLEK V. The smart city of Vienna[G]// Anthopoulos L（ed.）. Smart city emergence：Cases From Around the World. New York：Elsevier，2019：105-127.

[3] GORDON E，BALDWIN-PHILIPPI J. Playful civic learning：Enabling lateral trust and reflection in game-based public participation[J]. International Journal of Communication，2014，8：28.

[4] SU K，LI J，FU H. Smart city and the applications[J]. 2011 International Conference on Electronics，Communications and Control（ICECC）. IEEE，2011：1028-1031.

[5] BALAKRISHNA C. Enabling technologies for smart city services and applications[J]. 2012 sixth international conference on next generation mobile applications，services and technologies. IEEE，2012：223-227.

[6] LI Y，LIN Y，Geertman S. The development of smart cities in China [EB/OL].（2015-07-10）[2029-09-22]. MIT.http://web.mit.edu/cron/project/CUPUM2015/proceedings/Content/pss/291_li_h.pdf.

[7] 张飞舟，杨东凯，张驰. 智慧城市及其解决方案[M]. 北京：电子工业出版社，2015：207.

[8] 王建宙. 从1G到5G：移动通信如何改变世界[M]. 北京：中信出版社，2021：216.

[9] 魏玉棋. 中国新基建与5G智慧城市建设[M]. 天津：天津科学技术出版社，2021：17.

[10] Mosco V. The smart city in a digital world[M]. Bingly，UK：Emerald Group Publishing，2019：61-62.

[11] 杭州城市大脑协同创新基地课题组. 城市大脑导论[M]. 北京：电子工业出版社，2021：53-54.

[12] Green MIT. Cloud computing and its contribution to climate change[J]. Greenpeace international，2010，83.

[13] PEARCE F. The data on Green Data Centers is still pretty cloudy [EB/OL].（2018-04-24）[2022-09-22]. https://www. greenbiz. com/article/data-green-data-centers-still-pretty-cloudy.

[14] JOHNSON A. Data centers as infrastructural in-betweens：Expanding connections and enduring marginalities in Iceland[J]. American Ethnologist，2019，46(1)：75-88.

第7章　物联网技术与智慧城市

物联网技术在智慧城市技术层面的想象中扮演着十分重要的角色。本章第一节是对物联网技术的概述，包括其产生的历史、定义和应用。在全球众多的物联网实践中，颇具代表性的是芝加哥的物列阵（array of things，简称“AoT”）项目，该项目是全球范围内较早在城市层面进行物联网技术实验的项目。因此，本章的第2节将对芝加哥的物列阵项目进行介绍和分析。

7.1　物联网的概述

20世纪90年代，互联网从实验室走向日常生活，实现了人与人的互联。1995年，比尔·盖茨（Bill Gates）在《未来之路》一书中提及物联网（internet of things，简称“IoT”）的概念。1999年，麻省理工学院（Massachusettes Institute of Technology，简称“MIT”）的凯文·艾希顿（Kevin Ashton）教授在研究RFID时提出物联网的构想。2005年11月17日，在突尼斯举办的信息社会世界峰会上，国际电信联盟（International Telecommunication Union，简称“ITU”）发布了《ITU互联网报告2005：物联网》，该报告对物联网概念进行了扩展，提出在任何时间、任何地点、任何物体之间进行互联。[1]2008年后，各国政府先后制定物联网发展战略规划。

物联网是通过各种感知设备、传感器网、互联网、M2M网络，按照约定协议，把物品与物品连接起来，以实现全自动、智能化识别、定位、传输、处理信息和管理的一种新型网络。在过去的几十年里，我们熟悉的互联网主要连接人与人，而物联网则为网络添加了“万物”，将实现人与人（human to human，简称“H2H”）、物与物（things to things，简称“T2T”）、人与物（Human to Things，简称“H2T”）之间的互联。虽然目前世界上只有一小部分的物品连接到互联网，但是，这一数字在不断攀升。国际电信联盟（ITU）、思科、英特尔等多家机构预测全球物件网设备有望在2025年达到1000亿个。[2]

知识框 传感器（sensor）和射频识别技术（RFID）

物联网的感知层涉及很多感知设备和技术，包括传感器、RFID、摄像头、二维码标签等，这里将着重介绍传感器和RFID。

传感器是物联网中重要的组成部分，它是指能感受到环境中规定的被测量的信息，并将感受到的信息按照一定的规则转化成可用电信号的器件或装置，通常由敏感元件与转换元件组成。传感器按工作原理可分为物理传感器与化学传感器。物理传感器主要应用的是物理效应，如压电效应、离化效应、热电效应、光电效应、磁电效应；化学传感器主要是应用化学吸附、电化反应等化学反应原理。无论是物理传感器还是化学传感器，都可将被测量的信息转化成电信号。传感器按工作原理可以分为振动传感器、湿敏传感器、磁感传感器、气敏传感器、真空度传感器和生物传感器等。传感器的种类繁多，可用于实时测量不同的参数，如温度、光线、风速、湿度、位移、加速度等。因此，传感器被广泛用于各种智慧城市服务和应用上，以收集和处理大量与城市相关的数据，从而更好地协助决策。

RFID是Radio Frequency Identification的缩写，指的是射频识别技术。这是一项从20世纪80年代走向成熟的，利用射频通信实现的非接触式自动识别技术，其可以通过无线电信号识别特定目标并读写相关数据。RFID主要被应用于自动读写、非可视识别、移动识别、多目标识别、定位和长期跟踪管理等领域。20世纪90年代以来，RFID技术获得快速发展，被运用于许多领域。如法国巴黎将RFID钉子形电子标签植入古树中，便于实时管理古树情况。在我国，RFID技术已用于身份证和票证管理、特种设备管理、公共交通和生产过程管理等多个领域。[1]

物联网的应用十分广泛，包括家居环境自动化、工业自动化、医疗救助、老年协助、智能电网、车联网等领域。物联网产生早期最常被谈及的一个例子，就是当冰箱里的牛奶快喝完时，冰箱会以电话或者短信的方式提醒用户及时购买牛奶。在城市里，物联网的使用既可以将传感器和处理设备安装在日常室内环境，如冰箱、咖啡机、洗衣机和地砖等设备上，又可以植入户外的街道、人行道和路灯等场所。这些传感器之间形成一个物的网络，收集大量的数据传送至云计算系统进行存储和分析。相关机构和市民可以通过处理这些数据以应对城市里的各种活动。

物联网在智慧城市中的应用被认为对城市管理者和市民来说都是一个双赢的选择。[3]有学者指出物联网在智慧城市中的应用有两大益处：一是它有助于提升城市管理的效率和减少开支，优化传统的公共服务；二是它可以为其他创新的智慧城市产品和服务提供支撑。[4]在目前的智慧城市的实践中，我们可以发现大量物联网的应用。比如在垃圾处理上，装有传感器的垃圾桶实时监测垃圾桶的重量，这些数据有助于调整垃圾车的清运路线，优化整个城市的垃圾处理。[5]韩国针对食物垃圾问题制造了RFID垃圾桶，居民扔食物垃圾时需刷卡打开，系统自动称重后记录在用户的账户里。该设计有助于居民节约粮食，减少食物垃圾。[6]在空气质量监测上，物联网能够实时监控城市街道、公园、人群聚集的公共场所的空气质量。法国尼斯与思科合作的智慧大道计划，就是通过安装传感器实时收集空气污染数据。[7]在停车问题上，物联网能很快为司机提供附近最新空车位信息，并引导其以最小碳排放量的路线到达该停车位。西班牙桑坦德智慧城市（smart santander）项目在一个约18万人的城市里安装了2万个传感器，其中一个应用就是帮助市民了解停车位的实时信息。[8]在对老旧城市基础建设的监测上，传感器被用于实时监测道路和供水管道的情况。比如美国纽约雪城（Syracyse，New York）在车上装载道路识别装置（street quality identification devices，简称“SQUID”）以便快速监测道路状况；在供水管道上安装磁性传感器，以便监测漏水的位置和程度。在节约能源上，物联网能监控城市的能源消耗情况，有针对性地培养居民良好的能源消费习惯。还有一些创意性的推动城市可持续发展的设计。比如英国帕维根系统（Pavegen Systems）公司推出的发电地砖，人只要一踩踏就能产生7瓦的电力；除了发电，每一次踩踏的数据还可以通过无线传输的方式发送出去，被用于分析流动人群建模；踩踏产生的电能还能用于支持传感器收集和传输城市空气质量数据。当然，物联网在城市的应用远远不止于垃圾处理、空气质量监测、智慧停车、基础设施的监测，以及节约能源等领域。

7.2　芝加哥的物列阵项目

AoT项目是物联网技术应用于智慧城市实践中的典型代表项目。AoT项目是芝加哥大学、阿尔贡国家实验室、芝加哥艺术学院及城市计算与数据中心合作开发的物联网网络项目，由阿尔贡的计算机科学家查理·卡特利特（Charlie Catlett）领导。该项目最早于2014年6月公布，获得阿尔贡国家实验室超过100万美元的内部研究资金支持。2015年，该项目又获得美国国家科学基金会的310万美元资助。之后该项目还获得芝加哥创新基金的资金支持。AoT项目成员希望通过AoT收集的数据可以为研究者、创新者和市民的智慧城市想法提供一些数据支持，从而提升城市规划的能力，推进可持续发展和提高居民的生活质量。

像健康手环一样，AoT被描述为“城市的健康跟踪器”（fitness tracker），能快速反应城市的街道和路口的“健康情况”。[9]该项目的实现主要通过在芝加哥市内灯柱上安装防盗防损、能承受极端天气和长时间运行的节点（感知装置盒子）。每一个节点里最多能容纳15个传感器、1个处理器、2个摄像头、1个麦克风和散热风扇。节点的摄像头和传感器可以收集温度、湿度、光照、噪声、震动、二氧化碳、空气质量、道路情况、车辆和行人数量、低分辨率红外线、手机信号等数据，并通过节点里的处理器就近处理数据并传送到芝加哥大学的数据库。为了保护隐私，摄像头不会录制视频，而是每1～2秒生成1张照片，然后从照片中提取所需数据传送至阿尔贡数据中心，几分钟后原照片将被删除。

该项目在芝加哥市安装了500个节点，节点里的传感器可根据实际情况进行添加。节点的铺设也不是漫无目的，而是通过和当地多方主体协商，以问题为导向进行铺设。比如AoT项目的第一个节点铺设在靠近工业建筑和高速公路，又特别关注空气质量的皮尔森（Pilsen）街区。节点可以帮助该街区了解一天之内空气质量的变化，以及高速公路高峰期时周边的空气质量。

AoT项目做了大量的努力让各阶层和不同教育水平的市民参与到项目的讨论和培训中来。该项目将收集的数据免费开放，供市民查看和分析。为了使数据更容易被缺乏专业训练的公众阅读和使用，AoT项目并没有采用电子表格或者机器可读文本的形式储存数据，而是开发了单独的开放数据门户“Plenario”，以便让使用者更容易获取数据。除此之外，AoT项目展开了一系列市民参与和意见征集活动。[10]该项目还与微软合作开发方便高中生使用的数据控制面板。

2016年开始，AoT项目还与芝加哥莱恩技术（Lane Tech）高中合作开发了名为“Lane of Things”的课程。这是一门由芝加哥艺术学院及城市计算与数据中心讲授的为期8周的课程。该课程致力于将AoT项目获得的数据融入教育中，以提升高中生的数据素养和数据分析技能。

除了在芝加哥进行实践以外，AoT项目还注重建立一个使用其节点的国际性网络，通过这些网络收集到的数据都将被发布到公开平台上，用于研究更大规模的城市问题。西雅图是芝加哥之外第一个实践AoT项目的城市。之后，AoT项目组还与纽约、波特兰、亚特兰大、墨西哥城、阿姆斯特丹、布里斯托、纽卡斯尔、格拉斯哥等城市达成伙伴关系，使用其节点在当地测试。除此之外，新加坡、德里、波士顿等城市也将建起自己的AoT。

7.3 本章小结

本章就物联网的概论和物联网的典型案例进行了介绍。AoT项目是全球范围内较早在城市层面上，以较为具体的方式实验物联网的典范。虽然该项目还在实践中，但是其设计理念和实践为我们带来诸多启示。AoT项目与那些仅仅是在城市里大量、盲目地安装传感器和建立传感网的物联网项目的不同之处在于：AoT项目设计了灵活的节点装置，并以问题为导向调节和铺设节点；在使用传感器收集城市的数据时考虑到了数据的隐私问题；设计了教育和社区的参与项目以扩大非技术人员的参与；为科研、初创企业和其他机构提供了拓展研发的机会；成功地将本地经验成果扩散到了世界。

课后探索

1. 找一找：你身边有哪些传感器？它们分别是什么类别的传感器？

2. 查一查：你所在的城市有哪些物联网的实践？对比AoT项目，你能从中获得哪些启示？

参考文献

[1] 金江军，郭英楼. 智慧城市：大数据、互联网时代的城市治理[M]. 北京：电子工业出版社，2018：39.

[2] 高艳丽，陈才. 数字孪生城市：虚实融合开启智慧之门[M]. 北京：人民邮电出版社，2019：19.

[3] ZANELLA A, BUI N, CASTELLANI A, et al. Internet of things for smart cities [J]. IEEE Internet of Things journal, 2014, 1(1): 22-32.
[4] HERNÁNDEZ-MUÑOZ J M, VERCHER J B, MUÑOZ L, et al. Smart cities at the forefront of the future internet[G]// Domingue J (ed.). Future internet assembly. Dordrecht, Heidelberg, London, New York: Springer, 2011: 447-462.
[5] NUORTIO T, KYTÖJOKI J, NISKA H, et al. Improved route planning and scheduling of waste collection and transport[J]. Expert systems with applications, 2006, 30(2): 223-232.
[6] 宗禾. 韩国食物垃圾智能化处理[J]. 党建文汇:上半月版, 2012 (7): 54.
[7] GRIMALDI D, FERNANDEZ V. Performance of an internet of things project in the public sector: The case of Nice smart city[J]. The Journal of High Technology Management Research, 2019, 30(1): 27-39.
[8] CARBONI D, PINTUS A, PIRAS A, et al. Scripting a smart city: the CityScripts experiment in Santander[J]. 2013 27th International Conference on Advanced Information Networking and Applications Workshops. IEEE, 2013: 1265-1270.
[9] CARDNO C A. Chicago Tracks City Streets' 'Fitness' [J]. Civil Engineering, 2016, 86(12): 36-37.
[10] THORNTON S. A guide to Chicago's array of things initiative [EB/OL]. (2018-01-02) [2022-08-01]. https://datasmart, hks.harvard.edu/news/article/a-guide-to-chicagos-array-of-things-initiative-1190.

第8章　大数据与智慧城市

上一章我们谈到物联网技术及其在智慧城市中的应用。我们的城市里充斥着越来越多连接到网络的物件和装置，它们之间无时无刻不在传送着数据，而且这些数据都以前所未有的速度增长着，我们称这些数据为“大数据”。一些人将数据比作新的石油，是知识经济的燃料，可以用来交换、提升现有服务的质量，开发新的服务和市场。数据无疑是理解和建设智慧城市的基石。本章将首先介绍大数据的概论及其应用，其中着重讲解预测性警务（predictive policing）在社会治安领域的应用；其次，介绍实时数据及展示实时数据用于城市管理的平台；最后，讲解开放数据的相关内容。

8.1　大数据的概述和应用

8.1.1　大数据的概述

大数据（big data）概念最早由美国公司EMC于2011年5月提出。在2000年的时候，世界上储存的数据大约是800 000 PB[1]（数据的计量单位如表8-1所列）。随着移动互联网、物联网、社交网络、数据采集和存储技术的发展，数据以爆炸性的方式增长。根据互联网数据中心（internet data center，简称“IDC”）发布的研究报告显示，全球的数据大约每两年翻一番，全球2009—2011年内产生的数据比以往4万年产生的数据量还要多。2010年，人类进入ZB（泽字节）时代，到2025年全球的数据量将达到175 ZB。[2]

表8-1　数据的计量单位

符号(英文名称)	中文名称	容量
TB (terabyte)	太字节	1024 GB
PB (petabyte)	拍字节	1024 TB
EB (exabyte)	艾字节	1024 PB
ZB (zettabyte)	泽字节	1024 EB
YB (yottabyte)	尧字节	1024 ZB

关于什么是大数据，工业界和学术界并没有给出固定的定义，罗伯·肯钦（Rob Kitchin）总结出了大数据的7个特征：（1）体量（volume）巨大，包括太字节（TB）或拍字节（PB）的数据；（2）速度快（velocity），数据产生、存储、分析和处理的速度快，数据产生的时间是实时或近似实时；（3）数据类型多样（variety），既包括结构数据又包括非结构数据；（4）范围广（exhaustive），大数据尽可能捕捉整个系统的数据；（5）清晰度高（resolution），它尽可能获得细节的数据；（6）相关联性强（relational），它使不同数据可以相互融合；（7）灵活度高（flexible），可快速更新数据内容和数据量[3]。除此之外，还有的学者强调大数据的价值（value）特征，即大数据的价值密度低，商业价值高。[4]

从城市中收集大量数据用于理解和管理城市的做法拥有很长的历史，比如国家统计、土地测量和政府记录等。大多数情况下，这些数据被存储在档案馆或资料库里。这些数据被用于理解过去的事件及当前管理的条件。比如国家统计的人口、经济和社会的数据被用作政策制定的依据。但是，这样的数据只反映过去时间切片（天、周、季度、年）中针对某一具体问题的情况。又如在商业活动中，通过调查问卷、访谈和案例研究等方式获得许多有关运营、市场和消费者的数据，但是这些数据基于有限样本，只能反映出固定时空内一些现象的情况。而在智慧城市里，手机、电脑、传感器、摄像头、各种设备、社交媒体和电子商务交易等都持续产生着大量的数据。这些大数据以分和秒的时间间距记录着城市的时空进程，为我们理解和管理城市提供了新的途径。

8.1.2 大数据的应用

智慧城市的应用和服务离不开大数据。而大数据常常和云计算联系在一起，因为大数据的收集、存储和分析离不开云计算。如今，大数据已经被应用在智慧城市的许多领域。例如，在医疗领域，大数据被用于管理健康档案和病人护理；在交通领域，大数据被用于优化出行路线和调节交通信号灯；在商业领域，大数据被用于提供更好的用户体验和服务；在能源领域，大数据被用于智能电网。[5]在社会治安领域，大数据被用于车辆管理、户籍管理、消防、反恐，甚至预测性警务。下面以预测性警务为例，为读者介绍大数据的应用。

用统计和地理空间分析去预测犯罪已经有几十年的发展历程了。近年来随着大数据的发展，预测性警务获得越来越多的关注。这不禁让人联想到导演史蒂文·斯皮尔伯格拍摄的电影《少数派报告》(*Minority Report*)。电影中警察与具有超能力的先知联合，在犯罪行为实施之前就进行及时阻止。如今，基于大数据和机器学习的预测性警务能否代替电影里的超能力先知以预测和阻止犯罪呢？所谓的预测性警务指的是收集和分析过去的犯罪数据，对个人或地理空间区域的犯罪行为的可能性进行识别或作出统计学的预测，有助于警察采取相应的干预措施和制定预防策略。[6]

传统的犯罪趋势预测需要警察手动翻阅过去的案件资料，依靠自身的经验直觉从中寻找规律，虽然计算机能帮助警察处理大量数据，但是单靠计算机去识别犯罪模式还是比较困难。而利用机器学习技术训练机器学习警察识别犯罪的思维模式和训练机器从大量历史数据库中甄别犯罪所建立起的算法能够分析复杂的犯罪趋势，甚至识别人类调查者都无法发现的犯罪模式，进而阻止犯罪或者解决过去的犯罪案件。基于这种逻辑的预测性警务有许多好处，比如预测性警务有助于在警力和经费不足的情况下将警察安排在更适当、更有针对性的时间和地点，有助于识别潜在犯罪人员或受害者[7]，有助于确保执法的过程中证据留痕和有迹可循，有助于促进刑事侦查的理性与经验的平衡。[8]

预测性警务受到美国的执法机构和媒体的热捧。2011年，美国的《时代》周刊更是将预测性警务称为年度50项发明之一。特别是一款名为PredPol犯罪预测性软件被媒体大肆宣传。该预测软件基于历史性犯罪数据分析犯罪的空间分布、推测未来不同地点犯罪的可能性，并以可视化的方式呈现在电子地图上，与巡警的GPS相连。警方可依据PredPol的预测高效调配警力，并借此阻止犯罪。预测性警务的有效性被预测软件开发商、使用预测软件的警局和媒体夸张地宣传。但是，阿尔伯特·梅耶尔（Albert Meijer）教授对近年来针对预测性警务有效性的研究进行了梳理，发现并非所有类别的犯罪率都能通过使用预警性警务而降低。[9]

尽管预测性警务具有巨大的前景，但是学者也对其提出几点疑问：首先，算法并非中立的。这是因为算法总是反映着设计者的理念、优先级和选择。因此，一旦算法的设计考虑不周全，将会作出不准确和不公正的决定。其次，质量差的数据或“黑数据”的存在。预测性警务依赖机器学习过去的数据来预测未来。而机器学习建立在这样一种假设上，即与过去相关的某种特征将在未来导致相同的后果。而城市的犯罪数据的统计并非对最真实的犯罪情况的反映。如果过去的数据是充满了偏见、歧视和不公正的时候，那么机器学习也将作出有偏见的预测，这将合理化并固化系统偏见。正如特雷萨·斯卡萨（Teresa Scassa）教授在分析城市犯罪数据后指出的，城市的犯罪数据是从众多数据中挑选出来的，受到人的判断、记录和解释，以及警察的出警活动和任务优先级等因素的影响[10]。例如，在少数族裔的黑人社区里巡逻时，巡警对于在何时何地逮捕某人具有很大裁量权。一些在白人社区不会被注意的行为，在黑人社区将会被记录在案。那么基于有偏见的数据的预测性警务将会加强黑人社区犯罪行为高的印象，最终加深对黑人社区的监视力度和不公平对待[11]。最后，预测模型本身并不能导致有效的行动。预测模型基于大量的数据而非传统意义上的理论模型。《连线》（*Wired*）杂志的主编克里斯·安德森（Chris Anderson）曾说道，“大数据意味着理论的终结。”[12]因为当有足够的数据预测未来的时候，人们不会愿意再花时间建立理论去理解一个现象。但是，依赖数据的预测模型更多关注的是关联性，而非因果性，算法预测缺乏透明性且很难被执法人员解读。由于算法本身缺乏对该采取怎样的行动进行说明，因此阻碍了其有效性。

8.2 实时数据

在智慧城市中，最大的特色之一就是用实时数据分析来管理城市。比如，在智慧交通系统中，通过摄像头和传感器收集城市中车辆的数据，并将数据传输回控制中心，用于调节车流量和交通信号灯。又如，在智慧水务系统中，通过搭建水务物联网对城市的水资源、环境和安全进行实时监控。

传感器、摄像头和其他设备不间断地收集着城市的实时数据，而这些实时数据通常会被传输至不同的平台进行分析和展示。一种平台是集中化的物理空间——控制室（control room）。这种控制室的原型是汽车仪表盘、飞机驾驶舱和NASA的任务控制中心等空间。历史上比较有代表性的例子是Cybersyn控制室。1970年，英国控制论理论家斯塔福德·比尔（Stafford Beer）在智利阿连德政府支持下进行的Cybersyn项目。这是一个基于控制论的实时经济管理的计算机系统。[13]为了让政策制定者能够聚集在一起，依靠国民经济的实时数据作出快速决策，该项目还设计了一个充满未来感的控制室。该控制室的墙上展示着数据流，座椅上的控制开关可以操控展示的数据内容。在智慧城市建设中，IBM在里约热内卢建设的“智能运营中心”就是这种控制室的典型代表。除了在控制室展示实时数据以外，还可以在网络和手机平台上呈现数据。例如，伦敦仪表盘（London City Dashboard）就选择在网页上将传统的城市指标和实时数据可视化。

控制室、网络和手机平台汇聚了城市各类指标的实时数据，并进行可视化展示。如何选择可视化展示的指标呢？通常可以根据国际标准化组织ISO 37120、联合国或世界卫生组织有关城市的服务和生活质量的标准作为引导来制定指标。[14]例如，电子与电气工程师协会（Institute of Electrical and Electronics Engineers，简称“IEEE”）根据国际标准化组织ISO 37120制定了衡量智慧城市服务绩效和社会状况的100项指标。[15]对于城市管理者和市政部门来说，对城市实时数据进行汇总和可视化有助于其更加理性、中立、以证据为基础的监测和评价城市表现，提高城市管理和规划的效率，预测未来发展趋势，并在问题扩大前及时采取行动，如应急管理。

但是，近年来有学者深刻地批判了这种以数据为中心、证据为基础的治理和政策制定方式所隐含的本体论和认识论方面的问题。这些以数据为中心、证据为基础进行治理和政策制定的人认为在观察者外有一个真实存在且可被精确测量和追踪的世界。从这个角度来说，城市变成了聚合了众多可以被测量和优化的变量，并可通过图表和地图等视觉方式展现出来，用理性、线性和层级的方式进行管理。如果我们能测量所有的变量，那么我们将可以预测其未来的变化趋势。这种本体论和认识论的限制在于：其一，数据被认为能提供一种客观的、中立的、免于政治意识形态的了解城市的方式，能揭示出真实的社会和经济关系，并为政策提供经验性证据。[16]但是，所谓的未经加工的数据从来都不是未经加工的，也并非客观的和价值中立的。因为数据的形成、产生、处理和管理是选择和限制的结果，受到系统的想法、技术、政治观点、伦理考量和人的因素等的影响。其二，城市被简化成可测量的数据变量，忽视了城市历史、经济、政治和环境等相互连接的因素。对于城市管理者来说，展示这些数据指标的趋势并不能告诉他们造成这些趋势背后的原因是什么。[17]因此，依赖数据或许能促进更有效的管理，但是这种做法无法从根本上解决城市中深层的结构性问题。其三，数据能快速展示出城市中的一些规律和趋势，为快速决定提供依据。但是快速反应的同时也减少了反应时间。我们不得不产生这样的疑问，那就是对于好的治理和生活质量来说，“现在”是不是总是最好的反应时间？因为，有些好的城市政策需要时间来酝酿。所以，快速的反应不一定总是最恰当时间的反应。

知识框　全景城市（panoptic city）

全景监狱（panopticon）一词是由英国功利主义哲学家和社会理论家

杰里米·边沁（Jeremy Bentham）于18世纪提出。边沁用全景监狱来定义他心目中最理想的监狱，即用最少的守卫和开支来监控最多的犯人。边沁的设计是这样的，在一个圆形监狱的中央安置一个塔，供守卫随时观察每一个犯人。每一间狱房都朝着塔开一扇窗户，对于犯人来说每时每刻都处于可见的状态，而塔的距离及小尺寸的瞭望窗口让犯人无法知道守卫何时在监控他们。这种设计会导致一定的社会效应，即就算守卫并没有持续监控犯人，圆形监狱带来的持续可见性也让犯人内化了这种监视，变成一种自我规训。后来法国哲学家米歇尔·福科（Michel Foucault）拓展了全景监狱的适用范围，将其作为深入日常生活控制的象征。[18]

当今，城市生活中越来越多的人的行为、互动、交易、工作和消费等都被作为数据收集，越来越多的监控设备也被安置在城市的各处，让城市生活的匿名性变得越来越困难。这些数据被汇聚到像里约热内卢“智能运营中心”这样的数据控制中心，形成一个单一的、全景的视角。这样做的好处是建立一个能够提高管理效率、节约成本和打击犯罪的系统。但是我们不得不思考由集中所带来的控制、隐私和匿名性问题。数字设备无时无刻不在捕捉着每个人的信息，让人们处在数字连接设备的监控之中。这样的智慧城市会不会变成全景城市（panoptic city）——一个庞大的数字监控系统呢？如何处理智慧城市中的监控问题是智慧城市不得不严肃面对和思考的议题。

8.3　开放数据

开放数据（open data）的兴起一方面和开放（透明）政府运动有关。在过去的十多年里，世界范围掀起了开放政府的运动。比如，2009年5月，美国联邦政府宣布实施“开放政府计划”（open government initiative），提出建立整体、开放的网络平台，将政府信息、工作程序和决策过程公开给民众查阅和评估，增强其对政府的信任、提升政府治理能力和效率及促进政府和非营利部门的合作。[19]开放政府的运动相信公众有权获得政府的数据，有利于推动政府管理朝着透明、信任和协同的方向迈进。

开放数据的兴起另一方面和开源软件运动有关。[20]开源软件关注的是创新的民主化，允许更多的人以不同的方式使用公开可以获得的信息。这种公开不是允许获得各类软件源代码，还强调让开发者可以在此基础上建立新的软件资源和创造价值。受开源软件运动的影响，开放数据倡导更多的个体和中小企业能分享“共同的”（common）知识，建立开放创新的生态和数据再利用模式。例如，Citymapper是利用伦敦交通局提供的开放数据开发的一款行程规划应用程序。Southwark Tree Map是一款利用数据资源平台——伦敦数据商店（London Data Store）的开放数据开发的一款有关伦敦树的信息地图。

关于开放数据普遍的定义来源于Web 2.0概念和“政府即平台”（Government as a Platform，简称“GaaP”）的创造者蒂姆·欧瑞利（Tim O'Reilly）召集的工作组。该工作组认为开放数据是完全的、及时的、可获得的、能够被机器所处理的、非歧视的、不需要注册、非专属性、不受知识产权和专利限制。[21]今天公认的开放数据八项原则与该定义吻合，包括：完整性、原始性、及时性、可获取性、可机读性、非歧视性、非专属、免授权。完整性指的是除非涉及国家安全、商业机密、个人隐私或其他特别限制，所有数据都应公开。原始性是指公开的数据应该是非修改和加工的原始数据。及时性指的是数据一旦产生便及时在网上发布或更新。可获取性指的是允许任何人在网上浏览数据，并不受限制地使用。可机读性指的是数据发布必须以一种统一形式（例如CSV、xls和XML格式），并被计算机自动抓取和处理。非歧视性指的是数据对所有人平等开放，不需要任何特殊登记（例如账号和密码）。非专属性指的是无须购置特殊装置（如软件）对数据进行阅读和处理。免授权指的是数据的使用不受知识产权、专利、商标和商业秘密等机制的限制。[22] 2015年，世界各地的100个政府和组织合作制定了《开放数据宪章》（Open Data Charter，简称“ODC”），确认了开放数据的原则，包括默认开放、及时和全面、可获取和使用、可比较和可互操作、改善政府治理和扩大民众参与，以及包容性发展原则和创新。

为了便于公众查看、下载和使用开放数据，许多城市都搭建开放数据门户网站。例如，2009年美国联邦政府开通了美国政府数据网站www.data.gov，发布了不涉及隐私和国家安全的21万余个数据集和上百个工具，内容范围涉及气候、能源和老龄化等21个类别。英国伦敦建立了数据资源平台伦敦数据商店，该数据商店拥有700多个数据集和18类城市数据。数据平台中储存的数据通常按照类别进行分类，对数据有一定的描述，并列出一些使用例子。一些数据门户网站十分重视对数据集的描述，比如英国最活跃的数据组织“Bath: hacked”十分注重对数据的解释。该组织花费大量精力注明数据产生的背景及正确使用范畴，以防止公众对数据集的错误解释。[23]

开放数据门户大多支持第三方点击和下载相关数据，并通过数据平台提供的应用程序接口（API）来开发智慧城市的应用和服务。政府通过举办黑客马拉松和智慧城市挑战赛的方式，促进第三方利用开放数据开发智慧城市应用和服务。

8.4 本章小结

智慧城市中很重要的一个方面，即产生和收集大量的数据用于分析、理解、监测、管理和规划城市。对于城市管理者来说，融合了大数据的平台有助于提高城市管理效率；对于市民来说，大数据分析有助于更好地理解城市生活和提高生活质量；对于企业来说，大数据提供了商业和参与城市治理的机会。在未来的几十年，我们会看到越来越多基于大数据的城市应用和服务，基于实时数据的智慧城市产品。在巨大的潜力背后，我们需要意识到技术官僚主义、以数据为中心治理方式在本体论和认识论上的限制、算法和数据歧视、数据监控和伦理等相关问题。而开放数据运动是否能真正推动自下而上的智慧城市建设和创新，这是未来研究需要关注的议题。

课后探索

1. 智慧大脑是我国智慧城市建设中的一种有代表性的现象，试着分析一下本章所讲的大数据、实时数据和控制室（城市驾驶舱）在智慧大脑中的作用。

2. 查一查：你所在的城市是否有开放数据平台？如果有，试着浏览一下该数据平台，结合本章所学内容，你能从中发现什么呢？

参考文献

[1] ZIKOPOULOS P, EATON C. Understanding big data: Analytics for enterprise class hadoop and streaming data[M]. New York : McGraw-Hill Osborne Media, 2011:5.

[2] PATRAIZIO A. IDC: Expect 175 zettabytes of Data Worldwide by 2025[EB/OL]. （2018-12-03） [2022-08-05]. https://www.networkworld.com/article/3325397/idc-expect-175-zettabytes-of-data- worldwide-by-2025. html.

[3] KITCHIN R. The data revolution: Big data, open data, data infrastructures and their consequences[M]. California : Sage, 2014: 79.

[4] 张飞舟、杨东凯、张驰. 智慧城市及其解决方案[M]. 北京:电子工业出版社, 2015:80.

[5] AL NUAIMI E, AL NEYADI H, MOHAMED N, et al. Applications of big data to smart cities[J]. Journal of Internet Services and Applications, 2015, 6(1): 1-15.

[6] MEIJER A, WESSELS M. Predictive policing: Review of benefits and drawbacks[J]. International Journal of Public Administration, 2019, 42 (12): 1031-1039.

[7] PERRY W L. Predictive policing: The role of crime forecasting in law enforcement operations[M]. Santa Monica: Rand Corporation, 2013: 73.

[8] 胡铭,严敏姬. 大数据视野下犯罪预测的机遇,风险与规制——以英美德"预测警务"为例[J]. 西南民族大学学报:人文社会科学版,2021,42(12):8.

[9] MEIJER A, WESSELS M. Predictive policing: Review of benefits and drawbacks[J]. International Journal of Public Administration, 2019, 42 (12): 1031-1039.

[10] SCASSA T. Crime Data and Analytics: accounting for crime in the city[M]//Data and the City. New York : Routledge, 2017: 59-71.

[11] 本·格林. 足够智慧的城市:恰当技术与城市未来[M]. 李丽梅,译. 上海:上海交通大学出版社,2020:94-95.

[12] ANDERSON C. The end of theory: The data deluge makes the scientific method obsolete[J]. Wired magazine, 2008, 16(7): 16-07.

[13] 伊登·梅迪纳. 控制论革命者:阿连德时代智利的技术与政治[M]. 熊节,译. 上海:华东师范大学出版社,2020: 208-255.

[14] ZDRAVESKI V, MISHEV K, TRAJANOV D, et al. ISO-standardized smart city platform architecture and dashboard[J]. IEEE Pervasive Computing, 2017, 16(2): 35-43.

[15] MOHANTY S P, CHOPPALI U, KOUGIANOS E. Everything you wanted to know about smart cities: The Internet of things is the backbone[J]. IEEE Consumer Electronics Magazine, 2016, 5(3): 60-70.

[16] MAYER-SCHÖNBERGER V, Cukier K. Big data: A revolution that will trans-

form how we live, work, and think[M]. Boston: Houghton Mifflin Harcourt, 2013.

[17] E. INNES J, BOOHER D E. Indicators for sustainable communities: a strategy building on complexity theory and distributed intelligence[J]. Planning theory & practice, 2000, 1(2): 173-186.

[18] FOUCAULT M. Discipline and Punish: The Birth of the Prison[M]. New York : Vintage, 1979: 204.

[19] 金江军,郭英楼. 智慧城市:大数据、互联网时代的城市治理[M]. 北京:电子工业出版社,2018:116.

[20] POWELL A B. Open culture and innovation: integrating knowledge across boundaries[J]. Media, Culture & Society, 2015, 37(3): 376-393.

[21] Open Government Data. 8 principles of Open Government Data, 2017-12-08. (2017-12-08) [2022-08-11]. https://opengovdata. org/.

[22] REICHENTAL J. Smart cities for dummies[M]. New Jersey: John Wiley & Sons, 2020: 216.

[23] POWELL A B. Undoing optimization: civic action in smart cities[M]. New Haven and London: Yale University Press, 2021: 93-98.

第三部分　主体篇

"给我们一座城市，让我们负责。"

——埃里克·施密特

"城市即人?"

—— 威廉·莎士比亚

第9章 企业主导的智慧城市

智慧城市发展的早期，企业是智慧城市建设的主要推动者。比如IBM在全球兜售其“一刀切的盒中之城”解决方案；思科帮助松岛建立从零开始建设的智慧城市。然而这些技术企业主导的智慧城市受到了强烈的批评。在第5章，我们介绍了一些主要的批评，包括城市企业主义、技术官僚主义、解决方案主义、技术锁定和缺乏公众参与等。在此基础上，本章进一步探讨企业主导的智慧城市的相关问题。首先，着重介绍技术企业主导的智慧城市的私人治理的倾向，在此过程中将会回顾历史上的“公司城镇”现象。其次，分析企业主导智慧城市建设的典型案例——谷歌的“人行道多伦多”（Sidewalk Toronto）项目，并就该项目引出的数据隐私和监控资本主义问题进行探讨。

9.1 私人治理与新公司城镇

谷歌的创始人兼前首席执行官埃里克·斯密特（Eric Schmidt）曾说过这样的豪言壮语：“给我们一座城市，让我们负责。”[1]技术企业正试图重塑城市，甚至是城市治理。企业对公共空间的私人治理在历史上已有先例，因此我们有必要先回顾一下这段历史。1966年，华特·迪士尼（Walter Disney）站在摄像机前介绍他计划已久的EPCOT项目。EPCOT是experiment prototype community of tomorrow的英文缩写，即“明日社区的实验原型”。虽然今天的EPCOT城以主题公园而闻名，但是该项目的初衷是建立一个能容纳2万人的样板社区。EPCOT规划为车轮状，中心城区是一座高30层的酒店和会展中心，围绕着第一圈层的是公寓、绿地、教堂和学校，最外圈是独栋楼房。EPCOT城交通发达，在地面上居民大多使用公共交通或步行，地下是分层的高速公路。但是，迪士尼的突然辞世使得该项目搁浅。1967年，佛罗里达州批准一项法案，允许私营企业在一个以上城市执行多种治理权，比如运营机场和交通、提供消防，以及为维护公共设施而征税等。[2]1996年，迪士尼公司又在迪士尼世界附近建了一座庆典城（the town of celebration），过程中使用了EPCOT中的一些设计元素。作为土地的所有者，迪士尼公司在庆典城内享有1967年法案给予的“自治”特权，传统的公共空间变成了迪士尼空间。迪士尼公司开创了公共空间的私人治理，成为今天许多私有的智慧城市治理的先例。

在如今的智慧城市浪潮中，一些技术企业家将私人城市的概念延伸到迪士尼之外。谷歌和脸书（Facebook）等技术巨头纷纷在硅谷及其他地区开疆扩土，将城市变成它们的物质化身。其中有一些智慧城市项目和早期的公司城镇十分类似。比如它们为自己的员工提供住宿、交通工具和便利的设施。它们在自建的智慧城市中实验智慧城市技术。因此，有人称这种技术企业主导的智慧城市项目为“新公司城镇”或“现代版本的公司城镇”。

知识框9.1　公司城镇（company town）

早期的公司城镇出现在英国，比较著名的例子是位于英国苏格兰的新拉纳克（New Lanark）。新拉纳克是由苏格兰纺织商人大卫·戴尔（David Dale）和发明家理查德·阿克莱特（Richard Arkwright）于1786年建立的新工业社区。戴尔的女婿兼合伙人是著名的社会改革家、慈善家罗伯特·欧文（Robert Owen）。欧文接手新拉纳克后，试图将其打造成“模范村”。他将工厂获得的利润用于提高员工生活质量，为年幼学童提供免费食宿和教育，建立了英国第一所幼儿学校，还建立了工人合作社。

19世纪，美国兴起了许多公司城镇。洛厄尔（Lowell）是美国的“第一个大规模规划的工业社区”[3]，是一个完全由纺织厂主经营的城市。1813年，弗兰西斯·洛厄尔（Francis Lowell）在沃尔瑟姆建立了纺织厂。1823年洛厄尔去世后，一群波士顿商人以他的名字在沃尔瑟姆以北处建立了洛厄尔。洛厄尔纺织厂主为工人修建了宿舍、教堂、学校和连接周边城镇的道路。1903年，好时巧克力的创始人米尔顿·赫尔希（Milton Hershey）在美国宾夕法尼亚州的小镇初创好时公司。这座好时公司所在的镇也叫好时镇。镇上几乎所有的人都是好时公司的员工。好时公司在小镇上铺建了道路，修建了医院、体育馆、剧场、游乐场和温泉等几乎一切公共设施。在好时工厂上班的工人放弃地方选举和个人隐私，以换取医疗保险、免费的大专教育和公园设施。

20世纪20年代，另一个公司城镇的著名例子是亨利·福特（Henry Ford）在巴西建立的福特兰迪亚（Fordlandia）。当时福特的汽车产业帝国发展迅猛，需要消耗大量橡胶。由于不满足英国对橡胶贸易的垄断，福特希望在橡胶的原产地巴西建一个属于自己的产业园。福特从巴西帕拉州塔帕若斯河沿岸的橡胶核心产区拿下了250万英亩的土地特许经营权。福特认为不但要在福特兰迪亚种植和加工橡胶，还要将现代化的美国中西部城镇生活搬到那里。因此，福特公司不仅在福特兰迪亚修建了厂房、仓库、食堂、医院、子弟学校和游泳池等配套设施，还推行一系列生活准则，比如在福特兰迪亚工作的人必须是素食主义者且滴酒不沾。福特兰迪亚的生活方式受到工人的抗议，工人和管理层的关系长期处于紧张状态，最后由于虫害导致大量橡胶树被砍伐，1934年，福特兰迪亚以失败而告终。[4]

亚马逊公司在其总部所在地西雅图拥有4.5万名员工，占据了西雅图15%的写字楼。亚马逊公司正试图将西雅图变成了一座私人实验室，利用西雅图的城市空间测试其新物流模式、商业理念，以及私人提供的公共服务。比如亚马逊在西雅图实验无人超市Amazon Go，并通过实验对该项目的最初设计进行修改。[5]亚马逊还在西雅图实验亚马逊生鲜（Amazon Fresh），通过车牌读取技术，允许送货员将网购食品送到指定汽车上。但是，亚马逊在西雅图的发展使得大量人才源源不断地迁移到西雅图，这促使当地的房价高居不下，流浪人口增加。基于同样的原因，当亚马逊宣布在纽约建立第二总部时受到当地居民的强烈抗议。

社交媒体巨头Facebook在美国加州门洛帕克市一块占地59英亩（约合0.24平方千米）的土地上打造柳树村（Willow Village）。该计划将建造1500套公寓，周围有办公室、杂货店、药店、公园、文化中心，以及智慧城市系统。公寓的居住群体主要是Facebook员工，因此评论家称其为“扎克镇”或“脸书村”。尽管Facebook承诺将15%的公寓预留给低收入群体，但是批评者认为柳树村的建造将取代附近硅谷最贫困的西班牙社区，使该地进一步士绅化。[6]

2017年11月，微软公司创始人比尔·盖茨（Bill Gates）投资的贝尔蒙特合作人（Belmont Partners）公司宣布在美国亚利桑那州凤凰城以西的沙漠中投资8000万美元建设智慧城市贝尔蒙特（Belmont）。贝尔蒙特计划建设8万套住房、3400英亩（约合13.76平方千米）商业用地，还将建设高速网络、数据中心、新型技术制造和分销模式、自动驾驶和自动物流等。但是，批评者指出亚利桑那州长期缺水，新建一座城无疑会加重当地水资源紧缺的问题。[7]

区块链有限责任公司（Blockchains LLC）在内达华买下70 000英亩（约合283.28平方千米）的土地用于建造区块链智慧城市。除了建设住宅、超市、学校以外，该公司还欲将区块链技术用于城市的各个方面。[8]居民将使用电子货币进行交易，而所有的网上足迹，包括医疗信息、财务信息、个人数据等都将存储在区块链中。区块链有限责任公司的创始人杰夫里·伯恩斯（Jeffrey Berns）还将用区块链技术建立一家自己的银行，并极力倡导私人治理。

上述内容只是当今一部分技术企业雄心勃勃的"新公司城镇"的例子，这个名单还在持续增加。回看19世纪和20世纪的公司城镇，它们都是通过规划形成的而非自然形成的。公司城镇将工业劳动力及其家属安置在相对偏远的地区，为他们提供商店、医院、学校和公园等公共设施，并且常带有社会改革和自我完善的目的。公司城镇在建设的过程中缺乏民主过程，充满着家长式的管理作风和乌托邦的理想规划，这都是其失败的原因。今日技术公司建立的"新公司城镇"显然没有从历史中吸取教训，家长式的作风依然存在，缺乏市民参与是智慧城市建设的一大问题。例如，"人行道多伦多"项目的市民参与仅停留在象征性参与或"假参与"之上。今天的"新公司城镇"无疑需要从过去公司城镇的失败中吸取经验教训，否则就会像历史上遇见工人暴乱一样遇见今天的抵制人行道（#BlockSidewalk）运动。

9.2 谷歌的"人行道多伦多"项目

2017年10月，人行道实验室（Sidewalk Labs）与滨水多伦多（Waterfront Toronto）联合宣布启动一个名为"人行道多伦多"的项目。人行道实验室是谷歌母公司"Alphabet"旗下的子公司。滨水多伦多是加拿大联邦、安大略省和多伦多市政府创建的准政府机构，用于充当公共和人行道实验室之间的中介，其董事成员除了市政官员以外，还有一大群知名的开发商和商业领袖。

该项目最初计划投资5000万美元在加拿大多伦多市中心以东的占地12英亩（约合0.25平方千米）的工业滨水区的码头区（Quayside）打造未来社区。该地块原本是一块尚未开发的闲置工业区，拥有一些停车场、低矮的建筑和零星的仓库。人行道实验室对可负担的住房、环境的可持续性、交通、经济发展和城市创新等方面都提出了创新的解决路径。比如使用木材建造高层建筑，并且所有的建筑都是模块化的，便于切换使用功能和维修；在木质建筑外搭建透明防水帆布帐篷，以便在雨天时用于保护建筑；建造地下隧道网络运输垃圾和货物；使用集成加热、照明和渗透功能的模块化路面，冬天下雪后的路面会自动加热融雪，促进公众在户外活动；提供无人驾驶班车和拼车型自动出租车服务等。在建筑环境的“物理层”之上，人行道实验室还为码头区设计了“数字层”，包括传感器、照相机、数据分析和存储、无线和有线基础建设，以及各种装置。从传感器收集到的数据既能及时按街道、公共空间和楼宇的需求调整使用，又能在此之上创建相应的程序。[9]人行道实验室希望将该码头区建成一个模范智慧社区，并将该模式扩展到整个多伦多及世界其他地方的城市。

与许多技术企业主导的智慧城市项目不同，人行道实验室明确提出与社区共建智慧城市，让当地居民参与到规划的过程中来。2018年2月，人行道实验室公布了包括13个项目的公众参与计划。人行道实验室还在其于2019年6月公布的1500页的《创新与发展总体规划》（Master Innovation and Development Plan，简称“MIDP”）中宣称，有21 000名多伦多人帮助制定了该规划。实际上，从2018年3月到2019年12月，人行道实验室先后举办了4次市民参与的圆桌会议。人行道实验室向20 000名多伦多市民发邀请邮件，从395份回复中选出36名代表参加圆桌会议。而4次圆桌会议中只有1次涉及市民真正关心的数据问题。观察者发现，人行道实验室的市民参与具有“假参与”或象征性参与的特征。人行道实验室在邀请市民参与之前就已经有清晰的解决方案，邀请市民参与只是对这些已有的解决方案征求意见，而非从项目一开始就邀请市民一起探讨。因此，安德鲁·克莱芒（Andrew Clement）评价人行道多伦多的市民参与更像是为了赢得对该项目的支持而开展的参与活动，而非真正意义上的共同设计。[10]

知识框9.2　谷歌—纽约—人行道实验室

在美国，技术的开发和设计常常始于西海岸，而实施和应用常常会选择拥有大量人才的世界商业之都纽约。谷歌公司遵循这一逻辑，2000年，谷歌在纽约设立了第一个办公地。2006年，谷歌搬迁至曼哈顿第八大道的111号办公楼，后于2010年以19亿美元买下这座办公楼。2015年，谷歌设立了一家以开发提升城市生活质量的新技术为目标的独立公司并向其注资。这家公司的名字叫人行道实验室，是一个包括城市规划、IT、政策咨询和地产开发的综合性团队。

人行道实验室的CEO是丹尼尔·多克托罗夫(Daniel Doctoroff)。2002年，当迈克尔·布隆伯格（Michael Bloomberg）当选为纽约市长时，多克托罗夫被任命为纽约市主管经济发展和重建部门的副市长。2008年，多克托罗夫曾担任彭博社的首席执行官，后于2012年离开彭博社加入人行道实验室。多克托罗夫参与了人行道实验室的构想，他将人行道实验室形容为一个“城市创新公司”，致力于开发减少污染、遏制能源损耗和降低生活成本的技术。[11]

布隆伯格当政期间，纽约的区域划分发生了很大的变化，开始容纳更多的豪华住宅，并通过增加商业改进区来发展私人治理。这些政策大大加剧了纽约的士绅化和不平等。在布隆伯格第三个任期末，纽约推出LinkNYC免费公共Wi-Fi计划。[12]该计划在新市长就任后被正式铺开。人行道实验室通过一家子公司为该项目投资。2012年，纽约开始在街边使用率低的收费电话亭里安装路由器提供免费Wi-Fi。虽然，在电话亭里使用Wi-Fi是免费的，但是使用者需要用他们自己的邮箱注册登录，才能使用免费Wi-Fi。于是，电话亭就可以不断收集用户数据，并将这些数据供公司自己使用或者转卖给第三方用于精准投放广告等目的。除此之外，电话亭里还安装大屏幕用于销售广告位。谷歌希望把在纽约的经验拓展到其他城市。它将目光投向了加拿大的多伦多，希望将多伦多滨水区的码头地块打造成模范智慧城市。

19世纪的法国巴黎街头，由于城市带来的匿名性和隐形感，产生了都市漫游者（flâneur）这类群体。而今天的智慧城市里无处不在的监控将城市从匿名的天堂变成透明的鱼缸，那些享受都市漫游的漫游者群体降格成数据点。关于监控的焦虑并非新鲜事，特别是在数字时代，监控的问题被智慧城市加强。因为智慧城市依赖从人和物体上收集大量的、实时的数据。对于政府来说，监控可以提高管理效率、减少开支、降低犯罪率和更有效地处理城市里那些无家可归的人员。对于技术企业来说，无论是售卖和维修监控设备，还是将数据卖给第三方都能带来巨大的收益。然而，如何从被收集数据者那里获得有意义的同意（consent），这是智慧城市建设中需要思考和解决的问题。[13]这种“同意”与在下载手机应用程序时阅读隐私条款后给予软件开发者一定的收集和使用数据的权利不同。因为在城市公共空间里很难征求广泛的同意。比如马路上行驶的汽车或许不会意识到植入道路基建的传感器正在实时收集交通流量的相关数据。

在人行道多伦多项目里，人行道实验室在码头区建智慧城市与传统意义上建桥梁、建大厦最大不同的是，滨水多伦多授权这家公司负责设计整个智慧城市项目的数据政策。当然，这种将数据政策制定权交给人行道实验室来制定的做法受到多方质疑。特别是人行道实验室是一家谷歌关联公司。从2000年互联网泡沫以后，这家原本提供免费搜索服务的公司便开始出售广告，它把从用户那里获得的行为数据用于更加精确的广告投放。因此，人行道实验室将如何处理数据收集、控制和隐私等问题成了多伦多居民担心的重点。对于这些担忧，人行道实验室早期对数据和隐私只给出一些模糊的原则，并邀请安大略前隐私专员、隐私和监视领域的权威、“从设计着手保护隐私”原则的建立者安・卡沃库安（Ann Cavoukian）帮助其制定隐私和数据政策。

2018年10月，滨水多伦多的数字战略顾问，加拿大技术女孩组织（Tech-Girls Canada）的创始人萨迪亚・穆扎法（Saadia Muzaffar）递交了辞职信，因为她认为人行道实验室和滨水多伦多并未向公众传达该项目的种种计划，同时对在城市的核心基础设施中植入监控技术采取漠然的态度。[14]为了继续维持项目，人行道实验室很快发布了其数字治理倡议，一份长达41页的文件希望打消人们对隐私的顾虑。文件中详细说明码头区的数据不会被谷歌持有，而会被独立的公民数据信托（civic data trust）管理。这里的信托不是法律意义上的信托，而是代指一个独立的实体，用于控制和管理数据，以及确保数据能够作为公共财产被公众获取。然而，人行道实验室对该数据信托将如何运作，它的结构和管理权限是什么，以及数据信托与其他政府部门的关系都未做清晰说明。

人行道实验室数字治理倡议还提出，从码头区收集的数据，除了用于码头区的管理以外，还以去识别化的形式免费公开给那些寻求将其用于研究和产品开发的人。但是，批评者指出，允许被收集数据的人使用数据看似是一种让步，实际上谷歌仍然保留从这些数据中获利的权利。正如黑莓手机的创始人吉姆・巴尔西利（Jim Balsillie）尖锐地指出：“21世纪以知识为基础和数据为驱动的经济都关于知识产权和数据。智慧城市是大型公司的新战场，因为它们是最有前途的附加型无形资产的温床，蕴藏着下一个万亿美元，以增加自己的市值。智慧城市依赖知识产权和数据，使得布满城市的传感器更有价值，特别是在私人利益的控制下，这将变成巨大且新的利益池。”[15]

人行道实验室可以将在街道、路灯、公园、商店等地方铺设的传感器收集、分析和记录的大量个体活动和物体性能的数据当成原料卖给广告企业或者对城市建模感兴趣的企业。比如广告企业可以利用人行道实验室提供的数据预测个体的需求并向其投放更精准的广告。就像在电影《少数派报告》里那样，当汤姆·克鲁斯穿梭在商场里时，他周围的广告牌立刻叫出了他的名字并切换成适合他的内容。这样的科幻场景已不再遥远，日本电气股份有限公司（NEC）曾设计出一款广告牌能通过面部识别软件识别购买者的年龄和性别，向他们推送更加精确的广告内容。又比如人行道实验室推出的面向城市规划者的工具“Replica”，将去识别化的日常人群行为数据建成一个数据库，通过算法模拟人在城市里的活动路径。城市规划者可以用该工具测试道路是否要加宽、一天之内在什么时候维修水管更好等内容，但是人行道实验室并没有透露这些数据从何而来。[16]哈佛大学教授肖莎娜·扎波夫（Shoshana Zuboff）将这种从我们身上获取数据又变成产品卖给我们的行为称为“监控资本主义”（Surveillance Capitalism），即把人的经验当作能转化成行为数据的免费原料。虽然部分数据被用于提高生产或服务水平，但其他数据被当作行为盈余，通过机器智能制造成“预测产品”，这种预测产品将被放在全新的市场上进行交易。[17]人行道实验室在码头区制定的数据倡议和治理框架是为了作为模板运用到其他地方，以便企业可以大规模收集和商用化从城市里获得的数据。

在人行道实验室公布数字治理倡议4天后，首席隐私顾问安·卡沃库安（Ann Cavoukian）辞去了顾问一职。因为她并不认为谷歌在码头区的智慧城市项目很好地保护了个体的隐私，有潜在泄露滨水区居民的个人数据的风险。[18]她提倡从传感器、监视摄像头和智能手机收集到的数据都必须在源头上去识别化。她认为，如果数据未在源头上去识别化则将形成一个中心化的数据库，这些数据可能未经同意便被使用，也可能被黑客攻击或者收到未授权的访问。安·卡沃库安的辞职大大动摇了人行道多伦多项目的合法性。[2]

由于隐私和不透明等问题，2019年2月，多伦多居民发起了一场名为“抵制人行道”（#BlockSidewalk）的抗议行动。他们在码头区聚集，并建立网站发布联合请愿，希望阻止项目的推进。监控资本主义概念的提出者肖莎娜·扎波夫教授称：“抵制人行道”行动是一场监控资本主义与民主之间历史性抗议的先锋。2019年11月，人行道实验室发布了一份长达482页的解释文件，特别提到不会使用人脸识别技术和将数据用于商业化。但是这似乎没有打消公众的疑虑。2022年5月，人行道实验室宣布放弃“人行道多伦多”项目。人行道实验室的首席执行官丹尼尔·多克托罗夫在解释为什么取消该项目时解释称，受新冠疫情影响，公司在财务上无法继续支持资源密集型项目。但是也有观察者指出，新冠病毒只是一个契机，究其根本是该项目遭到当地人的反对，而主要的矛盾正是数据隐私问题。

9.3 本章小结

从本章的学习中，我们看到了今天技术企业建设“新公司城镇”的倾向，与早期公司城镇相同的是，它们都具有家长式的作风。如果处理不善，就像早期公司城镇中的罢工和暴乱一样，今天的技术企业也将迎来像“抵制人行道”这样的抗议。“给我们一座城市，让我们负责”是谷歌创始人的豪言壮语。而真正将一座城给技术企业，将建成怎样的智慧城市呢？人行道多伦多项目或许帮我们窥见这样的场景，这是一个关于创新、私有化、隐私、监控、控制和未来城市的绝佳案例。智慧城市常常依赖收集大量的个人数据来影响城市中的行为。就算是好的出发点，日益增强的监控不得不让我们思考社会正义、参与、数据的所有权和分享，以及隐私等问题。从人行道多伦多项目中，我们同时也看到了城市变成了企业投放广告和公共空间私有化的潜在风险地，以及监控资本主义对人的新型剥削。因此，我们在建设智慧城市的过程中一定要反思的是监控、隐私和数据所有权的相关问题。好的智慧城市一定对数据怎么收集、由谁收集和管理、怎么处理数据的隐私问题，以及数据的所有权归谁等问题有所思考和回应。

课后探索

1. 查一查：我国有哪些技术企业积极参与了智慧城市建设？它们的专长在哪？在不同的省市有哪些智慧城市实践？

2. 请搜索你所在城市的智慧城市项目对数据隐私和数据所有权的规定。

参考文献

[1] BADGER E. Google’s founders wanted to shape a city. Toronto is their chance. [EB/OL].（2017-10-18）[2022-08-18].http://www.nytimes.com/2017/10/18/upshot/taxibots-sensors-and-self-driving-shuttles-a-glimpse-at-an-internet-city-in-toronto. html.

[2] MOSCO V. The smart city in a digital world[M]. Bingly，UK：Emerald Group

Publishing,2019:129-132.

[3] GREEN H. The Company Town: The Industrial Eden's and Satanic Mills That Shaped the American Economy[M]. New York :Basic Books,2010:7.

[4] GRANDIN G. Fordlandia: the rise and fall of Henry Ford's forgotten jungle city [M]. New York: Henry Holt and Company, 2009: 316-332.

[5] POLACCO A, BACKES K. The amazon go concept: Implications, applications, and sustainability[J]. Journal of Business and Management, 2018, 24 (1): 79-92.

[6] STREITFELD D. Welcome to Zucktown. where everything is just zucky [EB/OL]. (2018-03-21) [2022-08-27]. https://www.nytimes.com/2018/03/21/technology/ facebook-zucktown-willow-village.html.

[7] TADDUNE G. Bill Gates' proposed Smart City could also be a water-constrained one [EB/OL]. (2018-07-13) [2022-08-27]. https://www.smartcitiesdive.com/news/bill-gates-proposed-smart-city-could-also-be-a-water-constrained-one/527744/.

[8] NEVETT J. Nevada smart city: A millionaire's plan to create a local government [EB/OL]. (2021-03-18) [2022-09-11]. https://www. bbc. com/news/world-us- canada-56409924.

[9] Sidewalk Labs. Project Vision [EB/OL]. (2017-10-17) [2022-09-15]. https://perma.cc/6ZTM-Q6J9.

[10] VALVERDE M., FLYNN A. Smart Cities in Canada: Digital Dreams, Corporate Designs: Independent experts analyze often-controversial schemes from Nunavut to Montreal to Toronto's failed Sidewalk Labs waterfront scheme [M]. Toronto: James Lorimer & Company, 2020: 52-67.

[11] LOHR S. Sidewalk labs, a start-up created by Google, has bold aims to improve city living [EB/OL]. (2015-06-10) [2022-09-11]. https://www.nytimes.com/2015/06/11/technology/sidewalk-labs-a-start-up-created-by-google-has-bold-aims-to-improve-city-living. html.

[12] SHAPIRO A. The urban stack. A topology for urban data infrastructures[J]. TECNOSCIENZA: Italian Journal of Science & Technology Studies, 2018, 8 (2): 61-80.

[13] TUSIKOV N. Privatized policymaking on Toronto's waterfront[J]. Smart cities for Canada: digital dreams corporate designs. James Lorimer, Toronto, 2020:68-83.

[14] O'KANE J. Tech Entrepreneur resigns from Waterfront Toronto Advisory Board over Sidewalk Labs concerns [EB/OL]. (2018-10-05) [2022-08-31]. https://www.theglobeandmail.com/business/article-saadia-muzaffar-resigns-from-waterfront-toronto-advisory-board-over/.

[15] BALSILLIE J. Sidewalk toronto has only one beneficiary, and it is not Toronto [EB/OL]. (2018-11-29) [2022-08-31]. https://www.theglobeandmail.com/opinion/article-sidewalk-toronto-is-not-a-smart-city/.

[16] KOFMAN A. Google's Sidewalk Labs plans to package and sell location data on millions of cellphones [EB/OL]. (2019-01-28) [2022-09-11]. https://theintercept.com/2019/01/28/google-alphabet-sidewalk-labs-replica-cellphone-data/.

[17] ZUBOFF S. The age of surveillance capitalism: The fight for a human future at the new frontier of power [M]. London: Profile books, 2019: 14.

[18] BROWN, J. Privacy expert resigns from alphabet-backed Smart City project over surveillance concerns [EB/OL]. (2018-10-23) [2022-10-11]. https://gizmodo.com/privacy-expert-resigns-from-alphabet-backed-smart-city-1829934748.

第10章　政府主导的智慧城市

政府在智慧城市的推广中通常起到积极的作用，而亚洲国家的政府和欧洲国家的政府在智慧城市建设中扮演着不同的角色。亚洲的智慧城市建设更倾向于由政府主导，政府通常会做出补贴技术公司、举办论坛（会议）和推出示范性项目等行动，对智慧城市的建设和宣传起到推动的作用。本章将首先介绍新加坡的智慧城市建设。新加坡常年位居各类智慧城市排行榜前列，其对我国、印度以及中东地区国家的智慧城市都产生了很大影响。新加坡最具代表性的智慧城市方案是“智慧国”（Smart Nation）计划。而新加坡“智慧国”计划的提出并非从无到有，它是建立在之前一系列技术与城市的探索的基础上的。本章将介绍新加坡使用ICT的历程和智慧国的相关内容，再从2018年的安全漏洞事件延伸至智慧城市系统的漏洞和脆弱性问题。其次，本章将介绍印度的智慧城市建设。印度是全球南方国家中政府推动智慧城市建设的典型代表。本章将介绍印度第一座智慧城市托莱拉（Dholera）和100座智慧城市计划的相关情况，并探讨印度智慧城市建设中驱逐贫民和强拆的问题。

10.1　新加坡的ICT历程与智慧国计划

10.1.1　新加坡的ICT历程

新加坡的城市信息化一直走在国际前列，是全球范围内较早拥抱智慧城市概念的国家。新加坡总人口约604万（2024年），国土面积735.2平方千米，经济发达的城市国家。但是，如果我们回看新加坡的历史，就会发现新加坡与世界上许多城市不一样，它的城市历史有一个具体的起始时间。1821年，托马斯·史丹福·莱佛士（Thomas Stamford Raffles）爵士将新加坡选定为英国在东南亚的港口以遏制荷兰势力。1963年，新加坡加入马来西亚，但是种族冲突使得新加坡不得不在1965年8月9日宣布独立。当时的新加坡有大量人口没有住宅，且有很高的失业率。随后新加坡寻求西方国家的直接投资、建立新加坡工业体系（特别是开发裕廊工业区）、开发卫星城。20世纪70年代，新加坡着力打造花园城市形象和发展现代酒店业；80年代，新加坡通过保护历史遗迹打造以“东方神秘”为主题的旅游业，为新加坡经济贡献16%的GDP。这一时期新加坡的经济增长长期保持在7.3%左右。

20世纪80年代早期，在新加坡经济高速增长了十几年后，面对东南亚制造业的兴起，新加坡急需找到维持经济增长和产业升级的动力。新加坡政府开始推崇知识经济、信息社会等概念。新加坡使用ICT的历程也是在这种背景下展开的。20世纪80年代到20世纪90年代，新加坡政府出台了一系列信息技术的总体规划。这一时期，技术总体规划的目的在于通过信息化提升政府的办事效率，提升国民的信息素养，把新加坡转化成电脑软件和服务业的中心。具体来说，1980—1985年，新加坡政府推行的IT项目旨在促进新加坡政府系统电脑化、提高公共服务、训练IT产业的劳动力。为达成这一目的，新加坡政府于1980年专门成立了国家计算机署（National Computer Board，简称“NCB”）。1985—1990年，新加坡政府将重心从公领域转向了私领域，目标是发展以出口为导向的IT产业。具有代表性的是1986年新加坡提出的国家IT计划，旨在促进本地IT产业的发展，并为国家宽带设施打下了基础。1992年，NCB提出了《一个智能岛的愿景：IT 2000》的报告，该报告提出建立居家、学校、工作场所的泛在网络、提高网速，以及在公共服务中更多地使用IT，[1]描述了我们今天都习以为常的智能生活，如高清屏幕、语音控制、数字加密技术等在城市生活中的广泛运用。值得一提的是，新加坡颇具代表性的电子道路收费（ERP）就是这一阶段的产物。可以看出，这一时期新加坡对IT的使用不仅用于提升国家竞争力，还用于提升市民的生活质量。1997—1998年，亚洲金融危机让新加坡意识到现有发展模式的脆弱性，于是新加坡开始大力发展技术，希望帮助新加坡转向知识经济。于是，新加坡于2000年推出“Infocom 21计划”，大力发展IT经济。2003年，新加坡推出“连接新加坡计划”（Connected Singapore）。2006年，新加坡启动了为期10年的“智能国2015”（Intelligent Nation 2015，简称“iN 2015”），目标是让新加坡成为世界上第一个通过信息产业为其经济和社会增添价值的国家。[2]iN 2015计划为ICT的劳动力创造了很多机会，也为后期有线和无线、大数据、物联网等智慧城市的组成部分打下了基础。

从新加坡使用ICT的历程中可以看出，作为一个资源匮乏、随时需要保持竞争力的城市国家，新加坡较早意识到技术和创新对于新加坡未来发展的重要性，其ICT使用在国际上一直处于领先地位。ICT在新加坡主要被用于提高城市运行效率和生产力，促进经济增长。

10.1.2 智慧国计划

2014年12月，新加坡总理发布了智慧国（Smart Nation）计划。[3]智慧国采用了全国性的策略，旨在使用数字技术和数据，以多方主体合作解决战略性的问题，提升新加坡国民的生活质量，使企业能从数字经济中获利。

智慧国的技术应用是有针对性的，它挑选对新加坡长期发展有影响的战略性问题进行重点应对，比如针对新加坡日益增加的老龄人口问题、城市化进程加快带来的交通堵塞问题，以及越来越多地将数据运用于决策的问题。智慧国计划将老年人口、交通和数据，以及网络安全作为需要重点解决的挑战。[4]

新加坡政府意识到解决复杂的问题需要不同政府机构之间的合作。因此，智慧国采取全国性的策略，而非由单一部门来推进。为了更有效地协调各个部门之间的合作，新加坡政府设立了专门的行政机构。2017年，新加坡总理办公室下设“智慧国和数字政府小组”（Smart Nation & Digital Government Group，简称“SNDGG”），对国家资源进行统一调配，其行政结构如图10-1所示。在SNDGG下又设置智慧国和数字政府小组办公室（Smart Nation & Digital Government Office，简称“SNDGO”）和政府技术局（GOVTECH）。[5]而SNDGG的主要人员来自财政部下的数字政府指挥部，新加坡信息与交流部下的政府技术政策部和智慧国办公室。

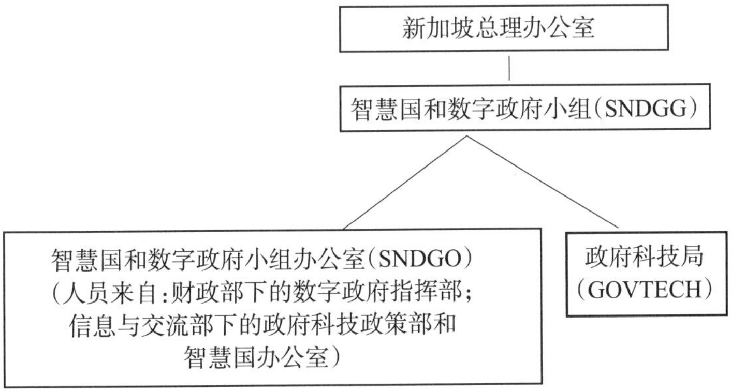

图10-1 新加坡智慧国和数字政府小组（SNDGG）的行政结构图

SNDGG的成立，在新加坡历史上是极不寻常的。因为在历史上，带领新加坡经济发展的一直是成立于1962年的新加坡经济发展局（Economy Development Board，简称“EDB”）。SNDGG是第二个非新加坡经济发展局领导发展经济的机构。这主要源于金融和技术的发展都需要专业知识引导。所以成立SNDGG应对新加坡数字转型的复杂性，体现了新加坡政府对智慧国计划的高度重视，以及由国家主导经济增长和技术转型的思路。

智慧国建设中非常注重对城市数据的集中性管理。据统计，自2016年以来新加坡政府在城市里大量安装传感器。比如将传感器用于实时调节交通信号灯、水资源和废水监测、应急响应和环境检测。[6]从城市里收集的数据被统一传输至一个叫“虚拟新加坡”（Virtual Singapore）的平台。政府可以通过这些数据，开发算法以应对各种城市问题。新加坡还和西门子合作打造像里约热内卢“智能运营中心”那样的“城市驾驶舱”（City Cockpit）。[7]新加坡政府虽然是自上而下地主导该国的智慧城市发展，但它也意识到与中小企业、科创企业、非营利机构和市民共创寻找创意解决方案的重要性。因此，智慧国建设注重多主体之间的合作，以刺激经济发展和商业合作。新加坡政府在当中充当媒介的角色，将多主体聚集到一起。促进共创的代表性方式是公开政府数据。早期，新加坡政府在开放数据平台上公开了70个政府部门的数据，并通过开放数据的方式鼓励多个主体共创解决方案。比较有代表性的例子是新加坡公共机构和网约车公司Grab的网约通勤车项目——GrabShuttle。GrabShuttle制定了一些固定的公交路线，乘客可以提前在手机平台上预定自己出行的时间和位置，并在传统的公交车站上下车。根据传感器传送的实时交通信息和乘客的消费信息，GrabShuttle还可以开设新路线。[8]

但是，新加坡的智慧城市计划都是在缺少市民咨询的情况下推行的，对政府将如何使用这些大量收集的数据也未做任何限制，这带来极大的隐私和安全隐患。对于黑客来说，智慧城市就是黑客的“黑金”。这是因为，在黑客将目标对准城市运营中心或数据存储库时，虽然他们的风险更大，但回报也相应地增加。2018年，在新加坡获得世界智慧城市博览会（Smart City Expo World Congress）颁发的年度最佳智慧城市奖项时，发生了该国历史上最大规模的一次安全漏洞事故。黑客窃取了包括李显龙总理在内的16万人的用药信息。[9]因此，收集大量城市数据用于开发创意解决方案的同时必须平衡效率和隐私的问题。特别是在涉及个人的数据时，要更加小心地处理，不能为了追求快速的解决方案而损害个人隐私。

知识框10.1 智慧城市系统的漏洞和脆弱性

漏洞一词的英文“bug”原指“昆虫”，而第一个有记载的计算机漏洞确实是由昆虫（飞蛾）引起的。[10]该词现在已经成为描述计算机程序故障的公认术语。依赖于大量软件的智慧城市系统不得不面临数字世界的特有病痛——漏洞。2003年，由于控制中心预警系统里的软件漏洞，导致美国东北部部分地区和加拿大东部的大范围停电，造成了250亿～300亿美元的经济损失。除此之外，由于软件问题导致的地铁故障的事件近年来也屡见不鲜。城市及其基础设施本来是人类建立的最复杂的系统，在短时间内、紧缩的预算条件下，将复杂的信息系统整合到一起，无疑会增加系统漏洞的概率。值得注意的是，智慧城市的系统并不是一家公司开发的单一代码，而是不同模块的集合，这导致对智慧城市系统进行全方面测试是有难度的。社会学家查尔斯·佩罗（Charles Perrow）在其著作《常态性意外》（*Normal Accidents*）中提出，在高度复杂的系统中，意外是难以避免的。[11]因为，不相关的事件的聚集会导致故障，从而产生灾难性的后果。他指出一个系统容易变成常态性意外的三点因素：（1）复杂的系统；（2）系统是高度连接的；（3）系统有变成灾难性的潜质。从常态性意外理论角度来看，智慧城市里融合了数量众多且相互连接的系统，因此有很大的概率会出现漏洞。而我们对哪里会出现漏洞及会造成的瘫痪和连锁反应都无法预测。

随着智慧城市连通性的增强和数字基建的日益复杂，面对网络攻击，城市变得越来越脆弱。智慧城市的连通性依赖于在城市公共和私人的基础设施中嵌入的传感器及由此形成的物联网。但是，这些缺乏安全测试并快速投放使用的物联网存在巨大风险，面临着像僵尸网络（botnet）、分散阻断服务（distributed denial of service，简称“DDoS”）、中间人（man-in-the-middle）、身份和数据盗窃等类型的网络攻击的风险。据统计，在华盛顿、纽约、西雅图、旧金山、伦敦、里昂和墨尔本就有20万个存在安全隐患的交通控制传感器。2017年，Mirai僵尸网络的爆发导致许多公共网络受到DDoS的攻击，从而瘫痪。[12]以色列政府坦言，其水电、银行、铁路和道路等基础设施长期是网络攻击的目标，如以色列电气公司每秒就受到6000次攻击[13]。除了网络攻击外，智慧城市的基础设施也存在脆弱性。比如，蜂窝式网络的稳定性极易受自然灾害（极端气候、高温、洪水、飓风、地震）的影响。2011年，日本东北部受海啸袭击，大面积的手机信号塔被损毁。2012年，桑迪飓风引发的洪水导致纽约市郊2000多个蜂窝式网络基站的后台光纤和约1500个基站的电力受损。除了自然灾害以外，城市蜂窝网络还受人口密度的影响。特别是在灾害发生时，公众的恐慌使得通话数量激增，从而导致手机网络瘫痪[10]。又如云计算系统常常受停电影响。2008年，谷歌的数据中心受到10多起停电事故的影响。

10.2 印度首座智慧城市与100座智慧城市

10.2.1 印度第一座智慧城市——托莱拉（Dholera）

托莱拉原本是坐落在印度古吉拉特邦坎贝湾附近的一座小村庄，它与其他21个村庄被划分到一起组成“托莱拉智慧城市”。托莱拉与周围的村庄居住了大约37 700名村民。村民中识字率只有57%，且62%的居民从事农业生产，另外还有一部分居民从事渔业。该地区47%的土地属于农业用地，主要种植小麦、棉花和小米。2013年1月，在“有活力的古吉拉特峰会”（Vibrant Gujarat Summit）上，托莱拉智慧城市项目被正式公开，随后，印度对外宣称托莱拉是印度的第一座智慧城市。[14]该项目将花费90亿～100亿美元，分三期建设，预计于2040年竣工。项目经费中的10%由印度各邦政府和日本企业（比如日立、东芝和日本东京电力公司等）承担，其余部分由私营企业承担。

托莱拉智慧城市由英国合乐（Halcrow）集团设计，思科负责建设光纤网络、传感器、监控摄像头等技术部分。托莱拉市中心将建立高技术工业区，托莱拉市中心周围则将建居民区。托莱拉智慧城市靠近内陆的部分将是农业区，但农业土地占地面积从67%降低到12%；靠近海岸线的部分将是娱乐区。在托莱拉智慧城市城外20千米处将建设托莱拉国际机场和一条连接托莱拉和阿哈迈达巴的（Ahmedabad）的铁路线，并在附近建设30千米长的卡尔帕萨尔（Kalpasar）大坝，以产生淡水和潮汐能。托莱拉智慧城市计划容纳200万人口，提供80多万个工作机会。

2009年3月，古吉拉特邦颁布了特区投资法案（SIR）。同年5月，托莱拉被认定适用于该法案。2010年，由英国合乐（Halcrow）集团设计负责的规划获得通过。2012年12月，征地正式开始。特区投资法案代替了印度1894年的土地征收法案，使得当地农民的土地在无赔偿的情况下可以被政府以公共目的为由被征收。[15]负责征收的古吉拉特邦工业发展委员会只需告知被征收人，并将其安置即可。对此，当地农民在JAAG（Jameen Adhikar Andolan Gujarat，是一个印度农民为争取土地权利的自发组织）和古吉拉特邦土地权利运动（Land Rights Movement Gujarat）的领导下展开了反对政府无赔偿征地的和平抗议运动。该运动获得了一定的成效。2013年，古吉拉特邦政府取消了36个村庄的征地计划（原计划征地村庄44个）。[16]

除了面对抗议以外，托莱拉智慧城市还面对其他问题。比如，托莱拉海拔很低，很容易受到洪灾影响，因此，在该地建设智慧城市不得不花费更多经费用于修建排洪设施。在公众听证会后，易受洪灾影响这个原因使得建设托莱拉国际机场的计划和卡尔帕萨尔（Kalpasar）大坝的计划也被取消。[17]另外，托莱拉靠近印度黑羚的栖息地，进行城市开发会对生物多样性产生不利影响。

10.2.2　印度的“100座智慧城市”

2014年，纳伦德拉·莫迪（Narendra Modi）参加印度总理竞选，将智慧城市写进竞选宣言。当选后的第二年6月，莫迪启动了“智慧城市使命”（Smart Cities Mission，简称“SCM”）项目，计划投入250亿美元，用5年时间（到2020年）建设100座智慧城市，旨在增长经济和提高建设城市中的人民生活质量，利用技术为市民找出更加智慧的解决方案。[18]这一项目代替了2005年的贾瓦哈拉尔尼·赫鲁国家城市改建计划（Jawaharlal Nehru National Urban Renewal Mission，简称“JNNURM”）。

在选择哪100座城市能获得政策倾向的过程中，莫迪政府采取智慧城市挑战赛（Smart City Challenge）的方式，让希望投身于智慧城市建设的城市将计划交给邦政府进行两轮筛选。印度中央政府将为每一座入选城市提供资金支持，地方各邦政府也将给予相应的财政支持，其余资金来源于政府和社会资本合作（Public-Private Partnership，简称“PPP”）以及借款。与国际智慧城市话语不同的是，印度的智慧城市较少强调物联网和大数据，更多强调印度本地的情况。

但是像世界上许多智慧城市一样，印度的智慧城市建设一开始也具有浓厚的新自由主义底层逻辑。在智慧城市方案制订过程中，参与城市必须从印度联邦城市发展部、世界银行、亚洲开发银行提供的清单中选择咨询公司（奥维纳、麦肯锡等）合作。[19]而最终的智慧城市开发也倾向于招标给IBM、思科、惠普和西门子等跨国大企业。比如，几座在德里孟买工业走廊（Delhi Mumbai Industrial Corridor，简称“DMIC”）的智慧城市由思科来建设。IBM在阿杰米尔、安拉阿巴德、苏拉特和维沙卡帕特南等城市推行智慧城市项目。

在100座智慧城市落地的过程中，莫迪政府提出了类似IBM在里约热内卢“智能运营中心”的综合控制和指挥中心（Integrated Command and control Centre，简称“ICCC”）的概念，并将其作为任务下达所有智慧城市。据统计，100座印度智慧城市中的83座都和技术企业合作开发此类ICCC。印度智慧城市建设的内容包括网络平台促进市民参与、监控摄像机及用技术手段解决城市基础设施效率的问题。在2020年项目验收的时候，仅10%的项目完成预期任务。但这并不妨碍印度政府推出该项目的2.0版本，并计划在印度全国范围发展4000座智慧城市。[20]

与托莱拉智慧城市发展过程中发生的土地征收矛盾相似的是，在100座智慧城市建设的过程中也存在大量驱逐城市贫民和强拆的现象。据统计，2017—2019年，因为SCM项目而被驱逐的人数达到22 630名，32座在建的智慧城市发生强拆事件。[21]在整个智慧城市建设的过程中，从未征询过当地居民的意见，所提供的智慧城市宣传文件充满了晦涩难懂的技术术语，较难让普通民众理解。

知识框10.2　新自由主义下的公共服务私有化与城市企业主义（entrepreneurial urbanism）

新自由主义（neoliberalism）是一个宏观的概念，很难找出该概念的纯粹形式。在政治领域里，20世纪80年代，新自由主义在美国的里根政府和英国的撒切尔政府推动下开始出现，提出市场机制和管理是解决城市问题的手段。[22]在城市空间里，新自由主义体现在建立政府和社会资本合作（Public-Private Partnership，简称“PPP”）、新公共管理策略、公共服务私有化和竞争性外包。[23]受新自由主义思想的影响，美国和英国率先推行公共服务私有化。在这些西方国家的城市里，原本由当地政府提供的公共服务，包括垃圾管理、交通、能源和公共健康等方面都开始由私人公司来提供服务。其中的一些服务是由带有使命感的非营利机构提供，比如美国许多非营利机构提供有关儿童或家庭的服务。而另外一些服务则是由以营利为目的的企业提供，而以营利为目的的企业提供公共服务时则可能出现关注经济利益而忽视社会平等的倾向。观察者指出，今天的智慧城市建设中具有浓厚的新自由主义特征，智慧城市的建设越来越依赖私人企业的创新和技术。企业主导的智慧城市存在过分关注技术解决方案、关注经济目的胜过社会目的，以及决策私有化等问题。

城市企业主义（entrepreneurial urbanism）是城市地理学家大卫·哈维（David Harvey）提出的概念。他观察到全球城市治理在20世纪80年代已经开始从管理福祉主义（managerial welfare）转向城市企业主义（entrepreneurial urbanism）。[24]城市之间相互竞争以吸引国际资本。城市之间竞相打造文化和创新的形象。特别是2008年美国次贷危机以后，西方社会的治理模式越来越倾向于高效节约、私有化，并崇尚技术。在当今的智慧城市浪潮中，技术企业宣称只要恰当地使用数据、提供技术就能解决城市问题，建设智慧城市有利于树立城市拥抱技术、创新和进步的形象，从而在城市竞争中脱颖而出，吸引更多的全球资本和人才。实际上，我们面临的许多城市问题不仅涉及技术，更涉及社会，比如贫困、不公平和歧视等。这些问题是企业私有化和城市品牌化所无法解决的。在这种思维里，赋予市民的角色是有限的，比如市民由于缺乏适当的科学技术教育，常常被看作是建设智慧城市的阻碍；市民被当作学习者，需要接受教育，学会更好地利用资源、培养适当的行为和思维方式，以应对不可避免的城市技术变革。

10.3 本章小结

新加坡的智慧城市建设是由新加坡政府以自上而下的方式推动的。在这个过程中，新加坡政府通过收集大量城市数据以开发解决城市问题的技术解决方案。在高效和监控之中，新加坡政府做出了利弊权衡（trade-off）。在获得低犯罪率、高效交通、良好网络设施的同时，收集数据的监控设备被植入日常生活的方方面面。大量数据的隐私问题处理不当会给黑客以可乘之机。如何在监控和隐私中做出平衡是智慧城市需要思考的问题。另外，智慧城市系统的漏洞和脆弱性是在快速推进智慧城市建设中应该引起重视和认真探讨的问题。

印度早期也采取自上而下、国家主导的发展模式基础建设。但是，这种发展模式在20世纪末暴露其低效的弊端，于是，印度政府从20世纪90年代初开始鼓励私营部门参与城市基础设施建设。无论是托莱拉的案例还是100座智慧城市建设计划，我们看到印度的智慧城市发展呈现出一种新自由主义的城市发展路径，通过赋权本地政府直接支持了跨国技术企业的利益。通过推行智慧城市的建设来吸引外国投资、促进经济增长和增强竞争力的做法体现了城市企业主义的底层逻辑。这样的智慧城市建设既忽视了当地急需解决的污染、水电资源缺乏、交通堵塞、贫民窟，以及社会中长期存在的社会排斥和社会公平等问题，又忽视了当地的声音和印度城市的文化、政治及面临的多种多样的挑战。因此，应引以为鉴，在智慧城市的建设中不仅需要投入技术，也要关注社会的可持续性，包括建立信任的社会网络、投资人力资本、促进城市学习和合作创新等，切勿让智慧城市建设变成仅为跨国技术企业及富裕阶层受益的城市“飞地”(enclave)。

课后探索

1. 通过查阅资料探索新加坡城市的ICT历程对我国城市发展的影响（如生态城、知识城）。

2. 查一查，我国智慧城市建设中有哪些代表性的项目？

参考文献

[1] CHOO C W. IT2000: Singapore's vision of an intelligent island[M]//Intelligent environments. North-Holland, 1997: 49-65.

[2] HOE S L. Defining a smart nation: The case of Singapore[J]. Journal of information, Communication and Ethics in Society, 2016, 14(4): 323-333.

[3] LEE H L. Transcript prime minister Lee Hsien loongs speech smart nation launch 24 November [EB/OL]. (2014-11-24) [2022-08-21]. https://www.pmo.gov.

sg/Newsroom/transcript-prime-minister-lee-hsien-loongs-speech-smart-nation-launch-24-november.

[4] LEE H L. Transcript speech prime minister Lee Hsien Loong founders forum smart nation Singapore [EB/OL].（2015-04-20）[2022-09-01]. https://www.pmo.gov.sg/Newsroom/transcript-speech-prime-minister-lee-hsien-loong-founders-forum-smart-nation-singapore.

[5] WOO J J. Technology and governance in Singapore’s smart nation initiative[J]. Ash Center Policy Briefs Series, 2018, 5: 1-17.

[6] LEE S K, KWON H R, CHO H, et al. International Case Studies of Smart Cities: Singapore, Republic of Singapore [EB/OL].（2016-06）[2023-03-27]. https://publications.iadb.org/publications/english/viewer/International-Case-Studies-of-Smart-Cities-Singapore-Republic-of-Singapore. pdf.

[7] MOSCO V. The smart city in a digital world[M]. Bingly: Emerald Group Publishing, 2019: 70.

[8] GRAB. Grab launches GrabShuttle, an affordable shuttle service for commuters [EB/OL].（2017-03-02）[2021-11-03]. https://www.grab.com/sg/press/others /grab-launches-grabshuttle-affordable-shuttle-service-commuters/.

[9] YU E. Singapore suffers 'most serious' data breach, affecting 1.5m healthcare patients including prime minister [EB/OL].（2018-07-20）[2022-08-30]. https://www.zdnet.com/article/singapore-suffers-most-serious-data-breach-affecting-1-5m-healthcare-patients-including-prime/.

[10] TOWNSEND A M. Smart cities: Big data, civic hackers, and the quest for a new utopia[M]. New York: WW Norton & Company, 2013: 34.

[11] PERROW C. Normal accidents: Living with high risk technologies[M]. New Jersey: Princeton university press, 1999: 3-14.

[12] ANTONAKAKIS M, APRIL T, BAILEY M, et al. Understanding the mirai botnet[C]//26th {USENIX} security symposium（{USENIX} Security 17). Berkeley: USENIX Association, 2017: 1093-1110.

[13] PAGANINI P. Israeli road control system hacked, caused traffic jam on Haifa Highway [EB/OL].（2013-10-28）[2022-09-28]. https://thehackernews.com/2013/10/israeli-road-control-system-hacked. html.

[14] DATTA A. A 100 smart cities, a 100 utopias[J]. Dialogues in Human Geography, 2015,5(1):49-53.

[15] LEVIEN M. Regimes of Dispossession: From Steel Towns to Special Economic Zones[J]. Development and Change, 2013, 2(44):381-407.

[16] DATTA A. The smart entrepreneurial city: Dholera and 100 other utopias in India[M]//Smart Urbanism. New York: Routledge, 2015:52-70.

[17] DATTA A. New urban utopias of postcolonial India: 'Entrepreneurial urbanization' in Dholera smart city, Gujarat[J]. Dialogues in Human Geography, 2015, 5(1): 3-22.

[18] AHMED A, ALI S. Smart Cities in India: Practices, Policies, Current Status and Gaps[J]. ICIDSSD 2020, 2021:399.

[19] Government of India. Smart Cities Mission Statement & Guidelines [EB/OL]. (2015-06) [2022-09-28]. https://policy.asiapacificenergyorg/node/2665.

[20] 朱政德,胡泳. 连通与驱逐:印度智慧城市建设引发的双重困境——对 SCM 项目的批判性考察[J]. 南亚研究季刊,2022(2):59.

[21] CHAUDHRY S, KUMAR D, JAIPAL A, et al. Forced Evictions in India in 2019: An Unrelenting National Crisis [EB/OL]. (2020-08) [2023-03-27]. https://www.hlrn.org.in/documents/Forced_ Evictions_2018.pdf.

[22] HARVEY D. brief history of neoliberalism[M]. Oxford: Oxford University Press. 2005:9.

[23] GUARNEROS-MEZA V, GEDDES M. Local governance and participation under neoliberalism: comparative perspectives[J]. International Journal of Urban and Regional Research, 2010, 34(1):115-129.

[24] HARVEY D. From managerialism to entrepreneurialism: the transformation in urban governance in late capitalism[J]. Geografiska Annaler: series B, human geography, 1989, 71(1):3-17.

第11章　市民主导的智慧城市

早期的智慧城市建设常常忽略市民的重要性，而如今越来越多的智慧城市项目意识到市民参与的重要性，也围绕智慧城市建设中的市民参与问题做了许多探索。本章首先介绍智慧城市建设中市民参与重要性的缘由。其次，着重介绍公民黑客（civic hacking）、众包（crowdsourcing）和生活实验室（living labs）等市民参与方式。最后，本章以西班牙巴塞罗那智慧城市建设为案例，详细介绍巴塞罗那的智慧城市发展历程以及每一阶段的市民参与内容。因为巴塞罗那智慧城市建设中将市民身份置于技术之上的做法使其在全球智慧城市中脱颖而出。它是世界上较早建立全面民主智慧城市战略并付诸实践的城市。

11.1　智慧城市与市民参与

智慧城市中市民参与问题的兴起与早期智慧城市的批判有关。第5章在介绍智慧城市发展阶段的时候，简要指出在智慧城市1.0和智慧城市2.0的发展阶段中，市民常被当作数据的生成器、智慧产品（服务）的测试者和消费者，甚至是城市问题的制造者。这种想法限定和忽视市民作为智慧城市设计者和参与者的角色。许多学者认为，早期的智慧城市建设过于追求技术的应用、总体规划和效率，这会导致忽略了社会正义、平等和包容等问题。比如，霍兰德（Hollands）在2008年就指出，企业主导的以技术为中心的智慧城市建设，不仅会在经济上扩大人与人之间的差距，而且会在社会上、文化上及空间上扩大人与人之间的不平等。因此，他极力倡导智慧城市应该从人开始，而非盲目地相信技术可以自动改变城市。[1]

为了应对早期智慧城市建设中市民缺位的问题，丹·希尔（Dan Hill）将智慧城市和智慧市民对立起来，并指出以市民为中心的智慧城市才是智慧城市的未来发展之路。[2]随后，自下而上的智慧城市话题在西方社会兴起。自下而上对应的是传统城市创新中由规划者自上而下做决策。自下而上的智慧城市建设更加考虑市民在智慧城市中所做的贡献，探索不同的草根方式运用技术解决城市问题。[3]自下而上的智慧城市思考所带来的是一种新的认识，即智慧城市不仅仅是技术层面的问题，还应该关心人的层面的问题。汤森德（Townsend）是自下而上的智慧城市的早期倡导者，他在《智慧城市：大数据、互联网时代的未来城市》一书中，分别阐述了公民黑客、众包、共享出行、社区社交网络平台等市民参与智慧城市建设的方式。但是值得我们注意的是，自上而下建设智慧城市的方式虽然忽视了市民的创造潜力和真实需求，但是，也不能因此将自下而上的方式看作智慧城市建设的唯一途径，因为，有时专家和有经验的决策者的意见也是十分重要的。

如今市民参与已经成为智慧城市建设中的流行词。越来越多的人认识到市民是智慧城市取得成功和可持续发展的不可或缺的部分。许多与智慧城市有关的宣传材料、研究报告、相关会议、挑战赛都将市民参与列为智慧城市建设的重点。比如，2017年的全球智慧城市博览会的主题是“赋能城市，赋能人民”（Empower Cities，Empower People）。许多智慧城市挑战赛都将“包容性”列为申请参赛的条件之一。IBM和思科等早年极力推崇技术主导智慧城市建设的技术公司也越来越多地将“以市民为中心”纳入其智慧城市项目的营销材料当中，提倡智慧城市建设的包容性及公民赋权。政府和国际组织也日益认识到市民参与的重要性。欧盟自2011年起，就把其智慧城市的基金项目命名为“欧洲智慧城市与社区创新伙伴”（European innovation partnership for smart cities and communities，简称“EIP-SCC”），并对含市民中心和市民参与元素的智慧城市项目予以特别支持。在我国，党的十九大报告提出“智慧社会”的概念，强调在信息化建设中应贯彻以“人民为中心”的发展理念。国家发展和改革委员会办公厅、中共中央网络安全和信息化委员会办公室秘书局公布的《新型智慧城市评价指标（2018）》也大幅上调了市民体验指标，以促进我国智慧城市朝着以人为本的方向发展。[4]

11.2 智慧城市的市民参与形式

在世界范围内进行了许多有关智慧城市的市民参与形式的实践和理论研究。比如，通过搭建网络平台告知市民智慧城市项目的相关信息；通过扫二维码填问卷、在网络平台提意见、通过规划馆互动提意见等方式收集市民有关智慧城市的想法和建议；通过网络工具一键上传功能，市民能实时上传城市路面病害和路灯故障的等城市问题。西蒙诺夫斯基（Simonofski）等详细梳理了智慧城市中市民参与的不同形式，总结出三大类和八小类的参与形式。[5]本节着重介绍几种参与程度较高的参与形式：公民黑客、众包、生活实验室。

11.2.1 公民黑客

公民黑客指的是在有限时间（通常是几小时或几天）的活动里，将各利益相关者（如政府工作人员、市民、本土企业家和技术设计师等）聚集到一起，利用政府的开放数据，协作解决特定区域或社区的具体问题。通常会有奖金或其他物质回报以促进参与。[6]公民黑客常常以举办黑客马拉松的形式进行。与企业黑客马拉松为了产生更好的技术解决方案以获得市场机遇的日的不同，公民黑客马拉松将解决社会问题置于活动的中心位置。

公民黑客的模式最早出现在2008年的美国华盛顿。华盛顿政府公开政府大量数据的“华盛顿数据目录”之后，市长阿德里安·芬蒂（Adrian Fenty）的首席技术官与当地高技术企业领导共同举办了“民主应用程序”设计比赛，要求参赛人员最大化地利用这些数据进行开发。之后，该比赛以5万美元的奖金获得了实际价值达200万美元的47个网站和应用程序。这种以低成本竞赛的方式快速召集技术团队、公民、当地企业对政府数据进行有效的整合的方式被认为是高效和节约资源的。随后这种模式扩散到加拿大、荷兰、德国、英国等国家[3]。

但是，值得我们注意的是，这种模式有其不足之处。批评者认为，这种方式由程序员来决定程序的功能需求，既没有顾及公民的真实需求，也没有回应政府的需求；产生的应用程序的可持续性较差，产生的常是初级版本或者黑客们制作的一些“小玩意”（gadget），不符合市政府所需要的毫无漏洞的、功能齐全的成熟版本。

11.2.2 众包

众包是2006年才出现的一个新词，由《连线》杂志的记者杰夫·豪（Jeff Howe）在该刊的一篇文章中首次使用，指的是由专业人士提供专业内容，消费者同时也是创造者。[7]艾斯泰勒斯·阿罗拉（Estelés- Arolas）等人在详细分析众多众包概念后提出众包指的是个人、机构、非营利组织或公司将不同背景的人通过灵活征集的形式号召起来的一场在线活动。[8]在智慧城市项目中的已有不少有关众包的实践，最常见的是城市问题上报的众包。比如，美国波士顿市政府推出了一款叫作“颠簸的街道”（Street Bump）的手机应用程序，该应用在用户汽车经过道路坑洞时会自动记录坑洞位置的实时信息并将该信息传回市政府，波士顿政府基于群众力量搜集的路面信息维修了1250个路面坑洞。又如，2008年出现了一款名为“修好你的街道”（Fix-Your-Street）的手机应用程序，市民可以在上面一键上传城市里的路面病害、乱涂乱画和路灯故障等问题。值得注意的是，在这种城市问题一键上报的过程里，市民作为公共服务的消费者对服务提供者提出要求，有利于提高城市管理的效率。但是，该方式过度微观地关注是否对市民提出的具体请求做出回应，比如，路面坑洞有无修缮，而忽视了对城市问题进行更加系统性的思考。

11.2.3 生活实验室

生活实验室是自下而上，以市民为中心建设智慧城市的一种重要方式，该方式旨在提升市民参与到解决本地问题的能力。更加宽泛一点地说，生活实验室将智慧城市看成一个在真实场景中实验新技术的实验床；使用Lo-Fi（低保真）技术（如传感器）促进数字创新文化和社区的公民黑客活动；通过开展一系列工作坊，与本地居民共同开发应用程序和实践智慧城市方案。

生活实验室这一概念起源于MIT的开放式设计，即新技术需要被用户在真实场景中测试。[9]2006年，欧盟提出使用者应该主导创新过程，生活实验室这一概念得到前所未有的重视。生活实验室有很多种类，有基于临时城市主义和DIY城市主义的弹出式（pop-up）生活实验室、有大学主导的针对特定群体的教育项目的生活实验室、有社区能人为解决具体社区问题而开展的生活实验室、有为城市区再生而进行的生活实验室。智慧城市建设中常用的生活实验室是众包的生活实验室，主要通过传感器获得有意义的数据，参与者通过实践公民科学（citizen science）更好地理解本地的问题。

在欧洲城市中，巴塞罗那具有最多数量的生活实验室。比较有代表性的生活实验室包括22@Urban Lab、LIVE、BDigital Cluster、TIC Living Lab、i2Cat Living lab和Fab Lab Barcelona等。巴塞罗那的智慧城市建设运用生活实验室的方式在真实环境里与使用者一起创造智慧城市解决方案。比如，巴塞罗那的智慧市民项目使用由Arduino硬件、程序应用接口（Application Programming Interface，简称“API”）和移动应用程序组成的开源平台。市民可以通过不同的传感器搜集不同的环境数据（如空气质量、温度、噪声、湿度等），再通过无线网将数据实时分享。市民可以通过这些数据开发新的智慧城市应用（服务），比如建立本地的空气质量地图等。另外，比较有代表性的生活实验室的实践是英国布里斯托市智慧城市建设中的市民感知项目，该项目以市民较易入门的传感器作为技术手段，由当地社区组织牵头，与市民合作开发解决当地潮湿发霉问题的实践。该项目在实施过程中有效地聚集了布里斯托市中对霉菌问题有较深体验的本地居民和房东、数据分析员、社会活动家和社区能人等，通过一系列工作坊厘清了住房霉菌问题的现状、找到需要的传感器和数据类型，并集众智，成功设计出用于监测房屋霉菌问题的监测装置雏形。[10]

批评者指出，生活实验室常常受项目和资金周期影响具有临时性的特征。另外，生活实验室常基于本地经验，较难将一个城市的成功经验迁移或复制到其他城市。

知识框 11.1　阿恩斯坦的市民参与阶梯理论

在智慧城市研究领域中，谢莉·R. 阿恩斯坦（Sherry R. Arnstein）的“市民参与阶梯理论”被认为提供了一种很好的概念框架来分析智慧城市的市民参与问题。1969 年，阿恩斯坦在《美国规划师学会期刊》上发表了一篇关于市民在规划和城市更新过程中参与问题的经典文章——《市民参与的阶梯》（*A Ladder of Citizen Participation*）。阿恩斯坦认为传统规划是一个自上而下的过程，较少考虑市民的观点。为了更加清晰地评价市民在规划和城市更新过程中的参与程度，她提出了将市民参与分为三大类型的八级阶梯理论。阶梯理论的最底层是不参与类型，具体包括“操纵性”和“治疗性”参与。前者在市民参与的名义下，迫使市民接受既定路线为目的；后者在寻求市民建议的伪装下，“治疗”不受欢迎的居民态度和个人缺点。阶梯理论的中间层是象征性参与类型，市民在这类参与中有一定的声音，但是并不能保证他们的意见能被采纳。这类参与包括较低层级的告知市民项目相关信息的“信息性”参与，然后上升到获得市民建议的“征询意见性”参与，进而到对市民某些抱怨进行妥协的“安抚性”参与[11]。阶梯理论的最高层是市民权力类型，包括市民积极参与和拥有一定决策权的“合作性”参与，市民在特定项目决策中发挥主导作用的“权力代表性”参与，以及市民获得完全控制管理权的“市民控制性”参与。

阿恩斯坦的阶梯理论有其局限性，正如她自己承认在概念设计时并未考虑各级参与的障碍。[11]有的学者批评阿恩斯坦的阶梯理论太线性，并重申专家和专业知识在决策中的重要性。[12]还有的学者指出提高市民参与度并不能保证公共服务更具有包容性。[13]尽管阿恩斯坦的阶梯理论受到很多批评，但是该理论因其对市民在公共服务提供过程中的参与程度进行了清晰的分类被广泛运用于其他领域的参与研究，如政府参与、消费参与和学习者参与等研究。[13]

11.3 巴塞罗那智慧城市建设与市民参与

巴塞罗那在欧洲城市发展过程中被认为是成功的，常年处于欧洲最佳城市榜单前列。它成功将工业经济城市转型为知识经济为主的城市、旅游热门城市和主要港口。而其近年来的智慧城市建设更是独树一帜，成为许多欧洲城市争先模仿和学习的对象。

1992年，巴塞罗那奥运会结束后，巴塞罗那花了近十年将该城转型成知识城市。2010年，巴塞罗那市政厅发布了“巴塞罗那作为人民的城市”的计划，旨在用新技术促进经济增长和提高居民的福祉。这一项目主要围绕着五个方面展开：（1）开放数据；（2）以智慧路灯、电动车为代表的城市可持续发展；（3）社会创新；（4）促进研究机构、大学、公私机构的合作；（5）用ICT提供更好的服务。同年，巴塞罗那大都会区（Barcelona Metropolitan Area，简称“BMA”）确立，计划用十年时间把巴塞罗那大都会区建成一个高技术城和欧洲最具吸引力的国际大都会，以吸引全球最优秀的人才。[14]在该策略下，市长乔迪·俄瑞武（Jordi Hereu）与思科公司签订合作协议，加入思科的智慧互联社区。

巴塞罗那真正意义上正式开始建设智慧城市是在市长泽维尔·特里亚斯（Xavier Trias）上任之后（2011—2015年）。他提倡建设智慧城市来应对财政紧缩，将巴塞罗那打造成世界智慧城市的标杆和城市创新实验室。这时的智慧城市愿景是把巴塞罗那建成一个能源自给自足、高效、高生活品质、社会平等的城市。说到这一愿景，不得不提巴塞罗那智慧城市的首席建筑师维森特·瓜亚特（Vicente Guallart）。维森特·瓜亚特提出“自给自足的城市”（the self-sufficient city）的理念。[15]受信息社会理论的影响，维森特·瓜亚特认为，在现代主义规划逻辑的影响下，城市的网络是中心化和分等级的，而“自给自足的城市”应该建立在分布式网络的逻辑上。

巴塞罗那智慧城市建设的第一件事就是将规划、住房、环境、ICT部门整合成一个单一部门——城市人居（Urban Habitant），来应对政府处理城市事务缺乏内部协调的问题。再由城市人居与众多组织、企业围绕着智慧城市展开公私合作。这些组织和企业包括巴塞罗那技术协会、活力巴塞罗那（Barce lona Activa）、思科、施耐德电气和IBM等。这一时期的巴塞罗那的智慧城市建设通过公私合作的方式在当地开展了一系列项目，比如整合传感器、光伏面板、ETFE气枕作为幕墙的媒体中心TIC（ETFE是一种建筑材料），减少能源消耗和温室气体排放的区域供热、供冷系统，拥有光伏面板、充电桩、传感器网络、共享空间和微观装配实验室（Fabrication Laboratory，简称“Fab Lab”）的自给自足的街区。[16]选择推进哪些智慧城市项目由项目管理办公室（Project Management Office，简称“PMO”）决定，由DOXA咨询公司、市政府和其他公司的人员组成的团体负责项目的推进。这些项目被允许在22@Barcelona区域内进行测试。2015年，有79个涉及公共服务、环境、移动、商业、基础建设、旅游的项目在该区域测试。泽维尔・特里亚斯市长与Accenture、Triada Telecom、Sinovia 、Cofely España签订合作协议开发城市操作系统（City OS）来管理混乱的城市信息。

知识框11.2　22@Barcelona

22@Barcelona在巴塞罗那规划政策上是一个转折点。该区域曾经是一个工人阶级街区。早在2000年，巴塞罗那市政厅和一些本地行动者就将以可持续发展、知识经济和城市竞争力等理念为依托的22@Barcelona作为波里诺老制造业区更新计划的一部分推出。[17]

虽然22@Barcelona创新区是一个自上而下的工业区更新计划，但是巴塞罗那政府十分重视园区内企业之间的合作和创新。该项目为了促进私营企业为城市问题寻找创新的解决方案，允许私营企业使用城市基础设施对技术解决方案进行真实场景的实验。[18]22@Barcelona很快吸引了许多企业入驻。该项目虽受到当地居民的批评，因为该项目吸引的主体主要是园区内的企业，缺乏与这些创新集群以外的人员的社会互动，但是，将衰败的工业区变成22@Barcelona为早期巴塞罗那智慧城市实践提供了可能性。例如，TIC媒体中心、区域供热供冷系统、自给自足的街区都位于22@Barcelona之内。

在巴塞罗那智慧城市建设中，政府十分关注市民和当地的社区参与。其智慧市民实践成为欧洲智慧城市典范，并获得2014年欧盟第一届欧洲创新之都大奖。巴塞罗那智慧城市建设中比较有代表性的市民参与内容为：Ateneus de Fabricació （AdF）、Fab City和Vincles BCN。[19]AdF是2013年建立的公共创客空间网络。该计划的目标是在每十个街区内部署一个公共创客空间，供本地居民实验提高街区生活质量的方案、为街区内中小学提供数字技术方面的培训，以及在周六提供一些家庭活动等。该计划在勒科尔兹（Les Corts）区和休达特·梅里迪亚纳（Ciutata Meridiana）区首先开始实验。2014年，巴塞罗那加入了Fab City计划，通过循环经济模式和市民赋权，发展本地制造和全球连接的自给自足的城市。Vincles BCN是一个社会创新的项目，旨在通过城市范围的平板电脑应用程序帮助65岁以上的独居老人增强社会连接感。2014年，该项目在150个欧洲项目中脱颖而出，获得“彭博市长挑战”（Bloomberg Mayors Challenge）欧洲地区的特等奖。

这些项目都展现出巴塞罗那在智慧城市建设的过程中开始将市民纳入智慧城市的建设中。但是值得指出的是，由于市长换届选举，这些项目仅停留在话语层面上，并没有被贯彻执行。比如，Vincles BCN项目直到2017年才开始实施；Fab City还未开始吸引民众参加；AdF只刚刚在两个街区开始实验，并且，在Ciutata Meridiana街区的实验还一度被当地民众当作社区的食物银行来处理。

2008年经济危机以后，西班牙房地产市场泡沫导致许多贷款买房者无法偿还贷款。巴塞罗那兴起了“愤怒者”（indignados）反驱逐的社会抗议运动，2009年，巴塞罗那的抗议者建立了抵押贷款受害者平台（PAH），[20]使得数以千计的人免于流离失所。2015年当选巴塞罗那市长的正是之前领导PAH反驱逐运动的艾达·科劳（Ada Colau）。科劳的当选改变了整个巴塞罗那智慧城市的走向。这一届政府上台后冻结了之前的所有智慧城市项目，花了一年时间重新审视之前的智慧城市项目，并先把精力放在如何处理过多的游客流量和住房危机上。最后只有AdF、Fab City（重新命名为“创客区”）和Vincles BCN得以保留。上一届政府的城市人居（Urban Habitant）也被拆分为不同的功能领域。

2016年6月，巴塞罗那政府任命弗朗西斯卡·布里亚（Francesca Bria）为首席技术官（CTO）。布里亚十分重视数据，认为数据是信息经济的命脉。这些数据掌握在少数人的手中会被用于创造财富。于是，布里亚提出以数据为中心的“共同的共享经济”，即数据的产生和搜集掌握在市民手中，市民搜集的数据和传感器网络产生的数据在充分隐私保护的情况下开放给更广阔的群体（中小企业、非营利组织和创意工作人员等），用于建设能服务于当地社区的产品（服务）。[21]这一思想体现在了当年10月发布的《巴塞罗那数字计划：走向技术主权的路线图》报告中。该计划指出，在之前的智慧城市建设中采取了技术推动的模式，产生的基础建设和服务存在依赖于IBM、思科和西门子等大型跨国技术公司的倾向，并且，长此以往将会导致技术锁定和“技术提供商的寡头政治”等不良后果。智慧城市不应只是投放大量新的技术，还应缩小数字鸿沟并通过参与的过程使得更多人参与到智慧城市的建设中来。因此，该计划着重发展多元经济、市民赋权及让市民参与信息治理。该计划首次使用了“技术主权”（technological sovereignty）这个概念。“技术主权”指的是将数据和从数字技术中获取信息的权利收回来，这些数据由市民代表保管，提倡基于公开软件和公开标准的数字基础设施。

在这份计划的指导下，巴塞罗那智慧城市开展了一系列项目，包括我们决定巴塞罗那（Decidim Barcelona）、巴塞罗那数字社会创新（DSI4BCN）和名为“La Commuification”的孵化器。Decidim Barcelona是一个基于开源软件的数字参与平台，平台所产生的数据由市民掌控，并保证数据不被商业目的使用。该平台最初被用于街区的参与式发展。对街区发展应该做什么这个问题，约有4万人在该平台上注册、建议和投票。2018年3月，该平台共进行了19个参与议程，开展了821次公共会议，形成了12 173个建议，而其中的8923项建议成为公共政策。[22]在这个过程中，市民不再仅仅是数据的提供者，还是积极参与城市治理过程的参与者。DSI4BCN旨在建立社会创新和数字制造的空间，增强本地数字制造经济的发展。La Commuification是一个协作经济传承企业的孵化器，旨在助推拥有共同的、协作的和共享经济理念的小项目和使用公开设计、开放数据和数字制造的初创企业。该孵化器还为致力于创立协同经济的初创公司提供相关基础课程。

2019年，巴塞罗那进行了新一届的市长选举，艾达·科劳再一次当选。“技术主权”概念被“技术人文主义”（Technological Humanisim）所取代。一方面巴塞罗那政府深化之前的治理探索模式、更加民主的数据治理；另一方面，巴塞罗那政府开始拥抱人工智能和机器人这样的新技术，并开始探索吸引外资的方式。

巴塞罗那的智慧城市之所以备受全球关注，主要因为其致力于探索把公众放在首位的智慧城市建设模式。然而，巴塞罗那的智慧城市路径也受历届市长选举的影响，基于不同的理念，探索了不同的市民参与方式。早期的巴塞罗那智慧城市建设重视公私合作和技术主导；在市民参与方面，这一时期有考虑到老年人和技术的使用问题、公众数字素养等问题，以及推行公共创客空间和Fab City项目。但这些项目大都停留在话语层面，未能完全实行。而到了艾达·科劳执政时期，提出技术主权、数据为中心和“共同的共享经济”理念。值得注意的是，巴塞罗那能产出数量众多的以市民为中心的智慧城市项目与该市所处的独特的社会、历史、经济和文化有关。巴塞罗那长期对独立的加泰罗尼亚文化的捍卫、对进步运动表现出积极的支持。加泰罗尼亚地区具有社会合作的传统，开会、社交和分享的空间在当地是有深刻的历史根基的。因此，并不难理解创客空间、共享空间能在该地区流行开来。比如，在巴塞罗那的波里诺地区、老城区、拉瓦尔地区有大量的艺术工作坊、创客空间和黑客空间。

11.4 本章小结

本章的学习让我们认识到市民参与对于建设一个成功的智慧城市的重要性。智慧城市的建设不应该仅仅是技术产品在城市空间的植入，还应该考虑到人的元素。如何让市民更好地参与智慧城市建设，这是从2011年以来学术界一直探讨和实践的热点问题。本章介绍了几种智慧城市中市民参与程度较高，并对我们有启发性的市民参与形式，也指出了每一种市民参与形式可能存在的潜在问题。本章还详细介绍了巴塞罗那的智慧城市建设历程及其不同阶段对市民参与的设计和实践。虽然，我们不能保证巴塞罗那以市民为中心的智慧城市策略部分或全部能保持可持续性，但是该市探索智慧城市替代性模式的种种做法给予我们许多有益的启示。

课后探索

1. 结合本章所学内容，简述智慧城市市民参与的重要性。

2. 查一查：你所在的城市有怎样的智慧城市计划？其中有哪些内容和市民有关？

参考文献

[1] HOLLANDS R G. Will the real smart city please stand up? Intelligent, progressive or entrepreneurial? [J]. city, 2008, 12(3): 315.

[2] HILL D. On the smart city [EB/OL]. (2020-12-29) [2022-09-30]. https://medium.com/butwhatwasthequestion/on-the-smart-city-or-a-manifesto-for-smart-citizens-instead-7e0c6425f909.

[3] TOWNSEND A M. Smart cities: Big data, civic hackers, and the quest for a new utopia[M]. New York: WW Norton & Company, 2013: 115-141.

[4] 尹婧文. 国外智慧城市建设中市民参与实践及启示——以英国智慧城市项目OPHC为例[J]. 四川师范大学学报(社会科学版), 2022, 49(5): 111-119.

[5] SIMONOFSKI A, ASENSIO E S, DE SMEDT J, et al. Citizen participation in smart cities: Evaluation framework proposal[C]//2017 IEEE 19th conference on business informatics (CBI). IEEE, 2017, 1: 227-236.

[6] NATH J. Reimagining government in the digital age[J]. National Civic Review, 2011, 100(3): 19-24.

[7] HOWE J. The rise of crowdsourcing[J]. Wired magazine, 2006, 14(6): 1-4.

[8] ESTELLÉS-AROLAS E, González-Ladrón-de-Guevara F. Towards an integrated crowdsourcing definition[J]. Journal of Information science, 2012, 38(2): 189-200.

[9] DUTILLEUL B, BIRRER F A J, Mensink W. Unpacking European living labs: Analysing innovation's social dimensions [J]. Central European journal of public policy, 2010, 4(1): 60-85.

[10] YIN J. Toads, dome, and lampposts: an ethnographic study of a smart city in the making[D]. Bristol: University of Bristol, 2018.

[11]理查德 · T. 勒盖茨, 弗雷德里克 · 斯托特. 城市读本[M]. 北京: 中国建筑工业出版社, 2013: 214.

[12] HART R A. Stepping back from 'The ladder': Reflections on a model of participatory work with children[G]// Alan Reid, Bjarne Bruun Jensen, Jutta Nikel & Venka Simovska (eds.). Participating and Learning: Perspectives on Education and the Environment, Health and Sustainability.. Dordrecht: Springer, 2008: 19-31.

[13] COLLINS K, Ison R. Jumping off Arnstein's ladder: social learning as a new policy paradigm for climate change adaptation[J]. Environmental policy and governance, 2009, 19(6): 358-373.

[14] CAPDEVILA I, ZARLENGA M I. Smart city or smart citizens? The Barcelona case[J]. Journal of strategy and management, 2015, 8(3): 266-282.

[15] GUALLART V. La ciudad autosuficiente[M]. Barcelona: RBA Libros, 2014.

[16] MARCH H, Ribera-Fumaz R. Smart contradictions: The politics of making Barcelona a Self-sufficient city[J]. European Urban and Regional Studies, 2016, 23(4): 816-830.

[17] MARTÍ-COSTA M, MIQUEL M P I. The knowledge city against urban creativity? Artists' workshops and urban regeneration in Barcelona[J]. European Urban and Regional Studies, 2012, 19(1): 92-108.

[18] BAKICI T, ALMIRALL E, WAREHAM J. A smart city initiative: the case of Barcelona[J]. Journal of the knowledge economy, 2013, 4: 135-148.

[19] MANCEBO F. Smart city strategies: Time to involve people. Comparing Amsterdam, Barcelona and Paris[J]. Journal of Urbanism: International Research on Placemaking and Urban Sustainability, 2020, 13(2): 133-152.

[20] GARCÍA-LAMARCA M. From occupying plazas to recuperating housing: Insurgent practices in Spain[J]. International Journal of Urban and Regional Research, 2017, 41(1): 37-53.

[21] ALMIRALL E, WAREHAM J, RATTI C, et al. Smart cities at the crossroads: New tensions in city transformation[J]. California Management Review, 2016, 59(1): 141-152.

第四部分　未来篇

“一张没有乌托邦的世界地图根本不值得一顾，因为它遗留了一个人性永驻的国度。”

——奥斯卡·王尔德

第12章　智慧城市与城市未来

作为本书的最后一部分，本章将对现有智慧城市的认知进行总结，旨在探索替代性智慧城市和城市未来的可能性。这里采用的词是“城市未来”，而非“未来城市”，是因为这里强调的不是有关城市未来的具体意象（图景），而是强调一种想象未来的过程。因此，本章将首先对目前各方对智慧城市的认识作出总结；其次，就什么是好的智慧城市这一问题进行探索；最后，通过两个思维训练帮助读者思考不一样的智慧城市和城市未来。

12.1　智慧城市的现在

智慧城市的未来是什么样的？要回答这一问题，我们不得不先回看我们已知的智慧城市是什么。通过第1章的学习，我们了解到智慧城市是一个全球现象，并且智慧城市的定义从2008年至2022年始终是模糊不清的。第2章告诉我们当代历史上有许多与技术有关的城市概念（数字城市、信息城市、无处不在的城市、智能城市），以及它们之间和它们与智慧城市之间的区别。第4章为我们揭示了推动“智慧城市运动”背后的全球大趋势（城市化、全球气候变迁和财政紧缩），以及以技术为中心的解决方案是如何被认为能应对和减缓这些全球性危机并呈现在人们面前的。第5章告诉我们智慧城市经过十多年的发展，已经从以技术为中心的发展模式向以人为中心的社会型智慧城市发展模式演进。

智慧城市最早由技术企业IBM提出。大型跨国技术企业在智慧城市建设中扮演着十分重要的角色，因为智慧城市的建设对于企业来说是一个巨大的收入来源但也存在潜在问题。本书的第3章、第4章、第5章、第9章从不同的角度指出了当今技术企业主导的智慧城市建设存在的潜在问题。例如：将城市看作“系统之系统”的猜想与控制论的关系，以及这种看待城市的思维的局限性；优化和效率的陷阱；在一些智慧城市建设中的新自由主义和城市企业主义逻辑可能加深城市的士绅化和贫富差距；技术官僚主义思维的技术障目循环、解决主义、工具理性、简化的倾向等问题；长时间使用一个技术平台和供应商的技术锁定问题；重视技术应用而轻视社会问题的倾向；市民在智慧城市建设中的缺位；私人治理的扩张及监控资本主义的新型剥削方式。

智慧城市涉及物联网、大数据、云计算、5G、区块链、边缘计算等一系列技术。本书第6章、第7章、第8章对这些技术进行了介绍。除此之外，本书围绕技术探究了几个问题：一是数据的治理、监控、隐私和所有权问题。数据作为智慧城市的基石将极大地改变我们认识和管理城市的方式。第8章以预测性警务这种大数据应用为例，指出该种数据应用的可能性与局限，分析了实时数据用于城市治理在本体论和认识论上的问题，以及大数据带来的无处不在的监控问题。第9章通过对谷歌的“人行道多伦多”智慧城市项目失败的分析，引出数据隐私和所有权的问题。二是技术与环保的问题。智慧城市的早期逻辑起点之一是技术在智慧城市建设中的应用可以缓解全球气候变迁和减少碳排放量，但是物联网、通信、加密货币、机器学习等智慧城市技术将消耗全球大量的能源，这将与建设智慧城市以促进环境保护的初衷相违背。第6章以云计算为例，指出了其建设中的几类环境问题。三是系统的漏洞和脆弱性。智慧城市将人类创造的复杂系统“城市”与信息系统叠加，复杂的系统使得意外难以避免。第10章探讨了智慧城市系统的漏洞和脆弱性，无论是网络攻击还是自然灾害都将影响智慧城市的正常运行。

智慧城市的建设主体主要包括企业、政府和市民。本书就每一类主体提供了相应的经典案例，比如第10章展示了印度政府大规模推出自上而下的智慧城市建设导致了实际建设中出现大量对农民住宅强拆和土地剥夺的现象。在三种类别的主体中，尤其需要重视市民这一类别。正如第5章所述，智慧城市以效率和优化为价值导向的价值观越来越多地转向于应对城市需求、本土化和草根化的价值需求。因此，找到市民参与智慧城市建设的途径既是成功建设智慧城市的关键因素，又是实际智慧城市建设中的痛点之一。这是因为要真正实现智慧城市的市民参与或市民共创是困难的，第11章选取的巴塞罗那智慧城市案例或许能给我们一定的启示。

12.2　智慧城市宣言

从前文的探索中，我们已经知道智慧城市的概念和内涵是一个不断被修正的过程。早期以技术为中心的智慧城市发展模式存在诸多问题。未来的智慧城市建设应该如何发展？或者，换一种说法，什么样的智慧城市才是好的智慧城市呢？关于这个问题，不同的学者给出了不一样的答案。例如，文森特·莫斯可（Vincent Mosco）教授在其《数字世界的智慧城市》（*The Smart City In a Digital World*）一书中认为，未来的智慧城市应是市民领导和技术赋能模式的结合，并列出了包含十条原则的智慧城市宣言。[1]

（1）智慧城市是人让城市变得智慧。智慧城市的技术应用首先应该是帮助人们提高生活质量的，而不是扩大企业的利润和权力，也非为了扩大政府对公民的控制。

（2）智慧城市是民主的城市。从每一个项目的开始到完成，市民必须与政府、私人公司和非政府组织共同参与智慧城市应用的决策。

（3）智慧城市是重视公共空间的，应该保护线上和线下供人交流的公共空间。

（4）智慧城市是共享数据的，从智慧城市项目中收集的数据属于被收集者。

（5）智慧城市是保护隐私的，数据需要在源头上“去识别化”。

（6）智慧城市是不歧视的。这是说基于智慧城市项目收集的数据的决策算法需要受到公众监督，防止其受性别、种族和社会阶层歧视的影响。

（7）智慧城市保护传播的权利，公共机构需要为市民提供他们负担得起的高速通信连接。

（8）智慧城市是保护环境的。智慧城市项目的每个阶段都需要应对气候挑战并以减少不可再生能源使用、保持健康生物圈为目的。

（9）智慧城市及其街道是关于人而非关于汽车的，最好的智能街道的设计应该是满足行人和非机动车出行者的需要。

（10）智慧城市是提供服务的。智慧城市应加强所有城市服务的有效管理和供给。

本·格林（Ben Green）认为“智慧”是手段而非终极目的，智慧城市建设的重心应该是解决社会需求，而非技术本身。因此，他提倡用“足够智慧的城市”（The Smart Enough City）来代替“智慧城市”，并提出建设“足够智慧的城市”应具备的五项原则。[2]

（1）解决复杂的真问题，而不是人为简化的假问题。

（2）让技术服务于社会需求与政策演进，而不是调整社会目标与价值来迎合技术。

（3）政策与项目改革的创新优先于技术创新。

（4）确保技术的设计与实施能够促进民主价值。

（5）发展市政府部门使用数据的能力与流程。

杰曼·R.哈里古亚（Germaine R. Halegoua）认为智慧城市在未来的发展方向应包括以下四个方面[3]的内容。

（1）互联城市的民主化。

（2）认可市民在智慧城市开发中的地位。

（3）发展社会技术方法以促进城市利益相关者之间的合作。

（4）优先考虑效率与创业精神之外的价值观。

以上是部分学者对于好的“智慧城市应该是怎样的”这一问题整理出的宣言（原则），当然这些宣言（原则）还可以包括很多内容，比如，智慧城市建设不能仅依靠技术、智慧城市应是包容的和开放的、居住在智慧城市里的居民应有高生活质量和高满意度且能与邻居建立友好关系、智慧城市应能创立一个公平正义的环境等。

12.3 思考未来

智慧城市是我们描绘的一幅理想化的未来城市图景，展现了我们对城市未来应该如何发展的思考、探索。锻炼这种思考未来的能力有许多的工具。本节提供了两个帮助大家思考智慧城市和城市未来的思维训练，目的在于培养大家寻找和实现真正想要的未来城市的能力。

12.3.1 思维训练一：探索不同的智慧城市未来

本书中提到的松岛、新加坡、巴塞罗那等案例都向我们展示出不一样的智慧城市未来。站在“现在”的时间点的角度上来看，智慧城市的未来有多种可能性。我们不妨来展开一场有关智慧城市未来的思维训练。

为了给我们提供一个想象未来和创造的空间，我们需要把未来的时间放得稍微长一点，即远期的未来，这种远期未来指的时间通常超过20年。因为远期的未来可以帮助我们摆脱需要立即应对目前问题的焦虑感和固有猜想的限制。我们姑且将时间设定在本书写作的30年后，2052年。结合智慧城市目前的发展趋势和未知的不确定因素，我们可以总结出四种不同的未来场景。

场景一：以技术为主导且缺乏人参与的智慧城市。比如，城市的管理和运行完全依靠大数据和人工智能的预测来做决策，技术帮助人管理人们生活的方方面面。

场景二：市民被充分赋权且主导技术应用的智慧城市。此场景提倡共同创造，市民有选择地用技术去创造想要的和不想要的城市未来。

场景三：关注城市的其他价值的智慧城市。此场景中较少依赖技术，更多关注城市的可持续性、绿色空间、人们共同生活的社会性和合作性。

场景四：某种不可预见的事件发生（如气候灾难）使得智慧城市的技术系统失灵和人口锐减。

下面，与你的同伴一起来做这样一个思维训练。

第一步：你们需要从以上四个场景中任选一个，并扮演该市2052年的居民。并就你们所选场景回答以下几个问题。

（1）在2052年，__________（你所居住的城市名）应该是怎样的？谈一谈你居住在该市的情况和感受。

（2）__________（你所居住的城市名）是如何达到这样的未来的？（请灵活运用本书所学的内容，帮助你思考这些场景并整理出到达这样的未来的路径）

第二步：写一张从2052年寄回到现在的“明信片”，在明信片上就每一种未来场景进行总结，并与你的同伴分享明信片上的内容。

12.3.2 思维训练二：探索不同可能性的城市未来

智慧城市代表着未来城市的一种希望，但它并非唯一的希望。除了“智慧”之外，城市还应该包括更多的品质。从学术界不断重新定义智慧城市或者拓展智慧城市的非技术内涵这一点，我们可以观察到这种倾向。[4]在思考城市未来时，我们应该去发掘更多的其他选择。这个思维训练希望帮助大家跳出单一的或者决定论式的未来思维模式，去打开不一样的城市未来。

这个训练可以通过工作坊的形式展开。就参与人员来说，本书虽然针对的是未来城市的领导者（学生），但是现在城市的领导者（城市管理人员）也可以用这种方法吸引多元主体（包括大学、企业和市民等）参与到城市未来的共同想象中（如图12-1）。

第一步：一切的想象的出发点应是你自身所居住的城市。了解你所在的城市的历史和独特的特点。我们不应不假思索地将那些在其他地方的文化、环境和社会下产生的未来城市图景照搬到自己的城市里，因为这会使得自身城市的独特性和传统被边缘化或消失。但是，这并不意味着我们不能从其他城市的良好实践中学习经验，这种学习需要建立在对自身城市的实际情况（历史、经济、文化、政治）、优点、缺点、机遇和挑战的清晰认识的基础上。关于这一点，我们或许能从巴塞罗那的案例中获得一些启示。我们不妨问自己两个问题：______________（你所居住的城市名）是一个怎样的地方？______________（你所居住的城市名）的优势和劣势在哪？

第二步：选择一个远期的未来时间点（如2052年）。分小组合作和讨论后，列出几种该市未来的场景，如公园和绿色城市、文化和生活方式城市、幸福感城市等。整理好后，分小组按场景围绕着以下问题进行思考和讨论。

（1）2052年，你所在的城市是怎样一个城市？请你描述那里的生活情况。它如何整合当地的优势？

（2）你所在的城市是怎样达到2052年的情况的？怎样的治理结构、技术发展、习惯改变和其他因素构成了这样的未来场景？找出发展过程中的关键事件并整理出一份到达该场景的路线图。

第三步：通过展览和艺术化的方式分享你们设想的场景和讨论结果，让更多的人了解并参与你们的讨论。

图12-1 儿童参与城市未来的想象

知识框　乌托邦与城市想象

人类一直在不断地想象着自己的未来城市，最有代表性的例子就是乌托邦（utopia）。乌托邦的概念起源于古希腊。公元前4世纪，柏拉图的《理想国》（*The Republic*）被认为是最早的乌托邦模型。[5]《理想国》里描述了理想的城市社会——城邦（polis）它由三种各司其职的阶层组成，即充当统治者的哲学王、充任护卫者的军人和担任劳动者的工匠和农民。[6]柏拉图通过生育、教育和日常生活纪律来帮助个人发现达到自身阶级的途径和履行自己职责的条件。乌托邦这个词被正式运用来源于托马斯·莫尔（Thomas More）在1516年所写的《乌托邦》。乌托邦这个词（utopia）的词源是希腊文"不"（oὐ）和"地方"（τόπος），这两个词合在一起意为"不存在的地方"。同时，utopia英文中的同音词eutopia也指乌托邦，但前缀eu在希腊语中又代表"好的" 或 "开心的"。因此，乌托邦有了双重含义，即不存在的地方以及完美的社会。莫尔在《乌托邦》里描述了一个理想的岛屿，在这个岛屿上法律、政治和经济系统的良好运转使得人们能和谐相处。自此以后，"乌托邦"一词被用于形容和现有社会不一样的理想模范型社会。[7]早期的乌托邦是关于同一时间的不同地点的概念，而到了18世纪以后，乌托邦成为关于同一地点的不同时间的概念。

受乌托邦的影响，20世纪出现了一批有远见的规划师和城市设计师。最具代表性的是英国规划师埃比尼泽·霍华德（Ebenezer Howard）。霍华德受他所处时代的乌托邦社会主义在社区的实践和爱德华·贝拉米的乌托邦小说《回顾》的影响，写了一本《明日——真正改革的和平之路》（*To morrow: a peaceful Path to Real Reform*），于1898年出版，后1902年再版为《明日的田园城市》（*Garden Cities of Tomorrow*）。[8]霍华德认为田园城市是工业时代的第一个理想城市概念，他试图平衡工业资本主义经济系统中人和社区的需求。霍华德用圆形描绘一个没有贫民窟和无烟的城市，并用数学公式精确计算游乐场、学校、开放空间的需求和最优人口规模（3万人为最理想的人口规模）。霍华德发表其想法后，英格兰的莱奇沃斯（Letchworth）和韦林（Welwyn）两座城市实践了霍华德的理念，但两者都因财务问题而放弃实验。后来，瑞士裔法国建筑师勒·柯布西耶（Le Corbusier）将霍华德的乌托邦理想推向了极致。他在1933年提出"光辉城市"（radiant city）理念。柯布西耶的"光辉城市"是一座垂直的花园城市，社区由建在广阔公园里的摩天高楼组成。因此，柯布西耶的设计风格也被称为"公园里的塔楼"。"光辉城市"对住宅、工厂、购物中心都有清晰的分区。[9]巴西的首都巴西利亚实践了柯布西耶的"光辉城市"风格，整齐地规划街区和按人口比例设置的绿地。可是，人类学家的研究发现巴西利亚并没像"光辉城市"那样成为一个健康的城市，而是变成了一个缺乏生机、充满不平等和空间隔离的城市。[10]

当"智慧城市"这一概念刚提出时，许多学者立马将其与乌托邦联系在一起。这种联系是怎么产生的呢？智慧城市与西方20世纪的乌托邦思想[11]十分类似。原因有几点：一是20世纪的乌托邦思想和智慧城市都把城市规划当作一种实现社会正义的工具，但是其不同之处在于其主导的角色。前者由环境建造专家（建筑师、城市规划师、政策制定者）主导，而智慧城市的主要行动者是技术企业。二是两者都较大程度地依赖技术，且这些社会工程的蓝图几乎很难被实施。三是像20世纪乌托邦规划师找出城市的问题并提供相应的一整套通用的解决方案[12]一样，今天的技术公司（如IBM）也宣称能为城市问题提供一揽子智慧解决方案。

在早期的智慧城市研究中，许多学者批判智慧城市为技术乌托邦和无可救药的不可实现的幻想。例如，沃森（Watson）认为非洲智慧城市愿景是城市幻想，使得人们变得更加不利和边缘化。[13]但是，当我们将乌托邦看作一种方法而非目的时，它有助于帮我们思考替代性的未来，去想象住在不一样的未来城市的感觉，加深我们判断好坏的能力。

12.4 本章小结

本章通过总结智慧城市的现在来回顾全书的主要内容，并通过制作智慧城市宣言，提炼出好的智慧城市应有的原则和价值取向。通过对乌托邦的知识框的学习，我们知道虽然智慧城市被批评为乌托邦，甚至是反乌托邦和坏乌托邦，但是人类的未来意识对于塑造未来城市具有强大的力量。本章设计了两个思维训练，旨在帮助读者思考不一样的智慧城市和城市未来。智慧城市将何去何从取决于我们的想象、选择、行动和伦理。

课后探索

1. 你能设计一份智慧城市宣言吗？并将你的宣言与同伴讨论，分享你制定该宣言内容的理由。

2. 本章谈及了乌托邦与未来城市的关系，想一想：科幻与未来城市的关系是什么？

参考文献

[1] MOSCO V. The smart city in a digital world[M]. Bingly, UK：Emerald Group Publishing, 2019:241-244.

[2] 本・格林. 足够智慧的城市：恰当技术与城市未来[M]. 李丽梅, 译. 上海：上海交通大学出版社. 2020:207-213.

[3] HALEGOUA G. Smart cities[M]. Cambridge, Massachusetts: MIT press, 2020:167-186.

[4] MCFARLANE C, Söderström O. On alternative smart cities: From a technology-intensive to a knowledge-intensive smart urbanism[J]. City, 2017, 21 (3-4): 312-328.

[5] HERTZLER J O. The history of utopian thought[M]. Abingdon: Routledge, 2020:1-2.

[6] PLATO.' The Republic'[M]. Cambridge: Cambridge University Press, 2000: XVII.

[7] MORE S T. More's Utopia[M]. New York: Appleton-Century-Crofts, 1949: 1-2.

[8] HOWARD E. Garden Cities of Tomorrow[M]. London: Swan Sonnenschein & Co, 1902.

[9] CORBUSIER L. The radiant city: Elements of a doctrine of urbanism to be used as the basis of our machine-age civilization[M]. New York: Orion Press, 1967.

[10] HOLSTON J. The modernist city: An anthropological critique of Brasília[M]. Chicago: University of Chicago Press, 1989:99-136.

[11] FISHMAN R. Urban Utopias in the Twentieth Century: Ebenezer Howard, Frank Lloyd Wright, Le Corbusier[M]. Cambridge, Massachusetts: MIT Press, 1982: 3-22.

[12] CHOAY F. The Rule and the Model: On the Theory of Architecture and Urbanism, ed. Denise Bratton[M]. Cambridge: MIT Press, 1997.

[13] WATSON V. African urban fantasies: dreams or nightmares? [J]. Environment and urbanization, 2014, 26(1): 215-231.